新화해기술론

- 화해는 미래를 창조한다 -

쿠사노 요시로(草野芳郎) 원저
이순동, 권경은 번역

진 원 사

서 문

필자가 화해기술론을 처음으로 구상한 것은 30대 후반이었습니다. 화해가 당사자에게 판결보다는 보다 나은 해결책이라는 사실을 실감하고, 사건을 담당하면서 화해로 해결하는 방향으로 정열을 불태우면서 화해기술을 여러 가지로 연구하였습니다. 그 과정에서 회해기술을 개인의 것으로 매몰시키지 않고 공동의 자산으로 해야겠다는 생각을 하게 되었습니다. 40세에 필자의 화해기술을 화해기술론이라는 제목으로 판례타임즈(判例タイムズ) 589호 8면에 발표하고, 49세에 信山社에서 단행본으로 화해기술론 초판을, 57세에 제2판을 출판하였습니다. 60세에 히로시마 고등법원 총괄판사를 마지막으로 35년간 근무하던 법관직을 퇴임하고, 학습원대학 법학부 법학과 교수(법과대학원 겸무)가 되었습니다. 그 후 필자는 70세에 학습원대학을 정년퇴직한 후 지금까지 변호사로 활동하고 있습니다.

화해기술론을 발표한 후 예상외의 반향을 일으켜, 그것을 계기로 재판상 화해나 ADR실무 및 이론의 발전에 기여할 수 있었던 것은 매우 기쁘고 고맙게 생각합니다. 화해기술론은 당초 법관을 위한 기술론으로서 탄생하였으나, 현재 필자는 법관을 퇴임하고 15년이 넘게 지났습니다. 그 사이 사건 해결을 하면서 얻을 수 있는 영감과 에너지를 축적할 수 없어서, 법관의 입장에서 본 화해기술론은 일단 멈추게 되었습니다. 그러나 필자는 법관을 퇴임한 후에는 대학교수로서 학생들과 연구자들과의 교류, 해외 법률가들과의 교류, 법규정비 지원활동, 변호사 활동, 법원 밖 ADR 위원으로서의 활동을 계속하면서, 많은 새로운 경험을 쌓을 수 있었습니다. 그 과정에서 필자의 머리에는 화해기술론에 관하여 해결해야 할 두 가지 화두가 있었습니다. 하나는 쌍방이 주장하는 금액의 차이가 2배 이상 벌어진 경우에도 합당한 화해금액을 산출하는 세련된 방식은 없는가(2배 이하라면 더하여 둘로 나누는 금액이 대개는 타당함)이고, 또 하나는 화해와 재판은 어떠한 차이가 있는가 하는 것입니다.

앞의 문제는 루트이론이라고 이름붙인 방식을 발견함으로써 해결할 수 있었습니다. 두 번째 문제는 판결은 과거를 보는 것이지만, 화해는 미래를 보는 것이라는 결론을 내렸습니다. 화해는 당사자의 미래를 향하여 타당한 해결을 지향하는 것이므로, 분쟁 당사자의 미래를 창조할 수 있습니다. 필자는 '화해는 미래를 창조한다'는 말이 참으로 합당한 문구로서, 이 말 자체가 법관 재직 시의 화해기술론은 물론이고 법관 퇴직 후에 연구했던 화해기술론의 차원을 한 단계 높이는 힘을 가지고 있다고 생각합니다. 이 문구를 필자의 좌우명으로 삼고, 이 책이 화해기술론 제2판에 대한 제3판이 가지는 그 이상의 의미를 가진다고 생각하여, 이 책을 "新화해기술론 - 화해는 미래를 창조한다"라는 제목으로 출간하게 되었습니다.

필자의 화해기술론은 앞에서도 말한 바와 같이, 당초는 법관을 위한 기술론으로 탄생되었으나, 현재 필자는 법관이 아니고, 법관을 퇴직한 후 15년이 경과하였으며, 필자 자신의 입장이나 시대와 사회정세의 변화가 현저히 달라졌으므로, 법관의 관점에서 쓴 기존 저서인 "화해기술론"을 현재의 필자가 개정하기는 적당하지 않다고 생각하였습니다. 그래서 이 책은 원래대로 법관의 관점을 유지한 기존 화해기술론에 최소한의 개정(현재의 입장에서 필자가 보충한 부분은 ※가 표시되어 있음)을 한 것을, "제1부 법관으로서의 화해기술론"으로 하고, 법관 퇴임 후에 법관의 입장으로부터 벗어난 필자가 발표한 것을, "제2부 법관 퇴임 후의 화해기술론의 발전"이란 이름으로 출간하게 되었습니다.

일생에 걸쳐 필자의 화해기술론에 관한 사고의 발전을 아래의 5행의 시구로 만들어 보았습니다.

전문 지식 없이 오로지 일념으로 설득하고 화해에 힘쓰던 젊은 날의 나
판결보다 나은 해결을 지향하는 화해판사가 되어
분쟁의 원만해결을 바라며 화해기술론을 세상에 내어 놓은 후
고희에 이르러 화해는 미래를 창조한다는 것을 확신하게 되었다네
화해기술론 작은 책자가 이제 신화해기술론으로 출범하누나

2020년 9월

쿠사노 요시로(草野芳朗)

역자 서문

1. 소액사건을 맡다 보면 자연히 조정과 화해에 대한 관심이 커지는 것은 누구나 공통적으로 가지는 생각인 것 같습니다. 물론 일반 민사사건에서도 화해・조정에 적합한 사건이 많이 있겠지만, 특히 소액사건은 금액의 문제보다는 인간의 심리와 감정을 비롯한 여러 가지 복합적인 요인이 소송의 근저에 자리 잡고 있습니다.

2. 저는 시군법원 판사가 되어 주로 소액사건을 맡았을 때 종래 가지고 있던 재판에 관한 생각이 조금 변화되었습니다. 그때까지 저는 판사의 지도이념을 예링(Rudolf von Jhering)의 '권리를 위한 투쟁(Der Kampf ums Recht)'에서 찾았습니다. 권리를 침해받은 사람을 보호해주지 못하는 국가는 자신의 권리(즉 국권)마저도 잃어버릴 수 있다는 생각은 지금도 변함이 없습니다. 실무에서도 당사자에게 끌려 다니다시피 하며 조정이나 화해를 운영하거나, 막무가내로 고집을 부리는 당사자에게 유리한 내용으로 화해를 끌고 가는 법관들에 대한 거부감도 있습니다. 서울지방변호사회에서도 법관평가를 할 때 지나치게 화해 위주로 재판을 운영하는 법관에 대하여는 낮은 평가가 나온 것으로 알고 있습니다.

3. 그러나 신의 능력을 갖지 않은 사람이 사람에 대한 분쟁을 적확히 처리할 수 있다고 자신할 수는 없을 것입니다. 법률문제도 개인적인 역량의 부족을 느끼는데 하물며 사실인정의 문제에 들어간다면

도저히 자신감을 가질 수 없다는 것은 누구든 가지는 인간적인 고뇌가 아닐까 생각합니다.
인간세상에서 분쟁이란 다종다양하여 사실관계와 법률문제를 모두 파악하여 이를 만족스럽게 해결한다는 것은 어쩌면 인간능력의 한계를 벗어난 것일지도 모릅니다.

4. 그렇다고 하여 분쟁해결의 책무를 가진 법관이 사안의 실체를 알 수 없다는 이유로 마냥 사건을 끌 수도 없습니다. 그래서 화해・ 조정에 대한 관심을 가지게 되었는데, 왠지 마음먹은 대로 되지 않았습니다. 그래서 화해・조정의 노하우를 알고 싶어 그에 관심을 가진 분들이 쓴 글도 읽고 조언도 구하였습니다.

5. 그 와중에 읽은 책 중에서 화해・조정에 가장 도움이 된다고 생각되는 책이 바로 쿠사노 요시로(전 히로시마 고등법원 부총괄판사, 그 후 학습원대학 교수를 퇴임하여 현재 변호사로 활동 중)의 화해기술론입니다. 이 책은 비교적 작은 책이지만 저자가 법관 생활을 통하여 오랫동안 모은 성공사례를 유형화함으로써, 화해기술에 관한 실무이론의 독자적인 체계를 이룬 것으로 평가받아, 미국에서 영어로 번역되어 소개되기도 하였고, 인도네시아에서도 출판되어 그 나라 법원에서 화해조정의 실무편람으로 사용되고 있을 정도입니다. 화해에 관하여 일반 법관들이 거부감을 가지고 있을 당시부터, 인간이 내재적으로 가지고 있는 분쟁해결능력에 대한 무한한 신뢰를 가지고 당사자 중심의 화해절차를 개발한 것이어서 고전(이미 검증된 작품을 고전이라고 생각합니다)과도 같은 품격이 있는 책입니다.
특히 이 책을 읽으면서 얻은 가장 큰 성과는 이제 민사소송은 '누가 이기는가' 하는 결론을 찾는 문제에서 벗어나, 양쪽 당사자의 '공동이익을 찾는 과정'이 되어야 한다는 시대적인 흐름도 알게 되었다는 점입니다.

그래서 저 나름대로 더 공부도 하고, 보다 많은 분들께 소개하고 싶은 생각이 들어 번역을 하였습니다. 흔쾌히 번역을 승낙하여 주셨을 뿐만 아니라 대구지방법원장님의 초청으로 한국에 오셔서 법관과 조정위원 그리고 화해에 관심을 가진 법조관계인들에게 화해기술론에 대한 강연을 하여주신 쿠사노 교수님께 다시 한 번 감사드립니다.

6. 번역을 하면서 일본과 우리나라 사이에 법규가 다르거나 이론을 그대로 적용하기 어려운 부분에서는, 이를 모두 우리 민사소송법이나 민사조정법 등의 규정에 맞게 다시 썼습니다.

7. 화해나 조정기법이 한 사람의 지식으로 매몰되어서는 안 되고 우리 사법전체의 공통자산이 되어야 한다는 쿠사노 교수님의 주장은 제가 평소 품고 있었던 생각과 너무나 일치하여 더욱 이 책에 애착이 갑니다. 저도 '민사소송의 사실인정과 증인신문기법'(진원사, 개정판 2020)이라는 졸저에서 그와 같은 생각을 밝히면서 나름의 경험 사례를 소개한 적이 있습니다.

8. 위 책은 당초 제가 초벌 번역하여 법원 내부의 참고자료로 제공한 적이 있으나, 권경은 교수님의 노력으로 정식으로 저와 권교수님이 공동번역한다는 조건으로 저자의 번역승낙을 받았습니다. 권경은 교수님은 일본 히토츠바시(一橋)대학에서 민사법으로 박사학위를 취득한 후 히토츠바시 법과대학과 호세(法政)대학 및 학습원대

학에서 강의를 한 일본 민사법(특히 소비자법)의 대가로서, 제가 한 번역을 꼼꼼히 검토하고 잘못된 부분을 수정하고 유려한 문장으로 다시 태어나게 하였습니다. 일본어와 일본법에 정통한 권경은 교수님이 아니었다면 쿠사노 교수님으로부터 번역권을 얻기 어려웠을 것입니다. 공역자로서 권경은 교수님에게 깊이 감사드립니다.

9. 신화해기술론은 저자가 법관과 교수로서의 직책을 떠난 후, 기존 화해기술론을 기초로 하되 이와 다른 관점에서, 그리고 한 단계 높은 안목으로 바라보는 입장에서 쓴 글입니다. 법관의 입장에서 쓴 기존 화해기술론은 그대로 존중하면서도 추가로 그 후의 단상을 언급을 한 것이 제1부이고, 그 후 법관의 관점을 떠나서 화해기술론의 새로운 경지에 대한 높은 깨달음을 말씀하신 것이 제2부입니다. 젊은 시절 주위의 다른 법관들이 “화해판사”라고 비아냥거리는 것을 개의치 않고 화해에 열정을 쏟으시며, 독자적으로 많은 화해기술론을 개발하셨고, 이제 은퇴한 후에도 화해에 관한 끊임없는 애정을 가지고 일본 국내뿐만 아니라 외국의 화해절차개선 문제에 대하여도 몸을 아끼지 않고 봉사하시는 저자의 노익장에는 저절로 머리가 숙여집니다. 무엇보다 저자가 일생을 화해에 헌신하면서 깨달은, ‘재판은 과거지향적, 화해는 미래지향적’이라는 관점과 “화해는 미래를 창조한다”는 경구와 같은 말씀은, 화해라는 화두를 평생 가슴에 품고 다니시며 도를 깨달은 수도승의 풍모를 엿볼 수 있습니다. 아무쪼록 세계적인 화해 전문가이신 풀밭 선생님(저와 권경은 교수님이 붙여드린 草野 교수님의 한국식 애칭입니다)의 건강과 학운을 빕니다.

10. 저도 2021년 2월에 영남대학교 법학전문대학교 교수를 정년퇴직 하고 이제는 경상북도 자치경찰위원회 위원장으로 근무하고 있습니다. 평생을 법률해석론을 위주로 살아왔던 제가 이제 여성・청소년・노인을 비롯한 주민들의 안녕과 사회질서유지를 위한 적극적 행정업무를 담당하면서, 미래지향적 화해기술이 얼마나 요긴한 것인지 다시 한 번 깨닫는 계기가 되었습니다.

11. 이 책이 나오기까지 혼신의 노력을 기울여 주신 진원사 양진수 사장님과 꼼꼼한 편집을 하여 주신 진원사 편집관계자들에게 다시 한 번 감사드립니다.

2021년 가을날에 안동 관사에서

대표 번역자 이순동 씀

목 차

제1부 법관으로서의 화해기술론

제2부 법관 퇴임 후 화해기술론의 발전

제 1 부

법관으로서의 화해기술론

1. 화해기술론이란

화해기술론이란 어떻게 하면 화해를 잘 시킬 수 있을 것인가에 관한 기술을 연구하는 것이다.

내가 1980년에 후쿠오카에 있는 작은 법원에 부임하였을 때, 사건 수가 많아 간단한 사건은 조정위원회의 조정에 회부하였다. 그러나 대부분 조정이 성립되지 않았다. 그런데 나 스스로 화해를 시도해 보았더니 의외로 간단히 화해가 되어, 조정위원들에게 화해가 되지 않은 이유를 물어보았더니, 놀랍게도 조정위원들은 "어떻게 조정을 진행하고, 어떻게 당사자를 설득할 것인지 아무도 가르쳐주지 않았다"고 말하는 것이었다.

그때까지 나는 화해 기술은 스스로의 노력으로 터득하는 것이고, 다른 사람으로부터 배우는 것은 아니라고 생각하였으나, 조정위원들로부터 위와 같은 말을 듣고는, 조정위원에게 아무 것도 가르쳐주지 않았던 것이 잘못된 일이라고 반성하고, '조정에서의 설득 기술과 조정안의 작성 방법'이라는 제목으로 연수를 실시하였다.

그때 교제를 사용하기 위하여 내가 이미 시행하였던 방법 중에서 효과가 있었다고 생각되는 것들을 골라서 유형화하였다. 그렇게 하다 보니 다른 법관들도 각자가 연구한 우수한 화해기술을 가지고 있음에도, 그것이 개인적인 기술로서 매몰되고 마는 상황을 보고, 이것은 법원뿐만 아니라 법조계 전체로 보더라도 큰 손실이라는 생각이 들었다.

이와 같은 화해기술이 법원 공통의 자산이 될 수 있는 방법은 없을까하고 생각하던 중, 내가 화해를 위하여 사용한 방법을 소개하여 법원에서 화제가 된다면, 다른 법관도 자기가 사용한 방법을 밝힐 것이고, 그러한 기술 중 좋은 것은, 나의 방식을 남에게 전파할 것이 아니라, 오히려 다른 사람으로부터 배울 수 있어, 결국 기브 앤 테이크가 될 수 있다고 생각하였다. 이를 위한 첫 단계로 나의 노하우를 먼저 다른 사람에게 소개하였다.

다만 현실적으로 발생하는 사건은 천차만별이고 개성이 있어서, '이러이러한 사건에서 이러이러한 방법으로 화해를 시도하였다'고 설명해 보았자, 그 자체로 많은 시간이 걸리고, 다른 사람과 간단히 논의할 수도 없다. 그래서 내가 생각한 화해기술을 유형화하여 "○○형"이라는 이름을 붙였다. 그것이 다른 사람과 공통의 용어가 될 수 있다면 법원 안에서도 쉽게 공통의 화제로 삼을 수 있고, 화해기술이 법원 공통의 자산으로 될 수 있을 것이라는 염원을 담아 '화해기술론'이라는 제목을 달게 되었다.

분쟁의 해결수단으로서 화해가 중요하다는 인식은 법원 내에서 갈수록 더 확산되어, 여러 법원에서 어떻게 하면 제대로 된 화해를 할 수 있을 것인가에 대하여 보다 많은 연구를 하게 되고, 화해기술에 관한 관심이 높아졌다.

화해뿐만 아니라 민사소송에서 심리의 충실에 관한 여러 가지 의견이 나오고, 이론보다는 현실적으로 실행 가능한 방법을 지향하여 논의가 이루어지고 있는 것도 근래의 경향이다.

직무상 화해절차에 관여하는 것은 법관뿐만이 아니라, 소송을 대리하는 변호사도 있다. 이러한 변호사의 존재도 화해절차에서 대단히 중요한 의미가 있다. 변호사의 입장에서도 화해기술에 관하여 관심이 있고, 변호사들도 각자 화해기술을 가지고 있다. 그러므로 다른 법관이나 변호사들도 화해기술을 운용하면서, 그것이 법원 전체의 공통 자산으로, 그리고 궁극에는 변호사를 포함한 법조 전체의 공통자산으로 되었으면 바램이다.

법적으로 정확하게 말한다면, 화해에는 재판상 화해와 재판 외의 화해가 있고, 재판상 화해는 제소전 화해와 소송상 화해로 나눌 수 있으나, 이 책은 법률이론을 목적으로 하는 것이 아니라, 소송을 담당하는 법관이나 조정을 담당하는 사람의 입장에서 화해를 시도할 때의 기술론을 연구하기 위한 것이므로, 특별히 다른 설명이 없다면, 지금부터 하는 논의는 현실적으로 심리를 담당하는 법관이 소 제기 이후에 화해를 시도하는 케이스가 당연한 전제로 되어 있다.

※ 이와 같이 화해기술론은 어디까지나 법관이 하는 소송상 화해를 전제로 한 것이 당초의 출발점이었다. 그러나 현재 필자는 법관을 퇴직한지 15년의 세월이 흘렀고, 재판 자체가 과거의 추억으로 남아 있을 뿐, 현재는 시야가 널리 법원 밖 분쟁해결 전반으로 확대되어 있다. 그래서 현재는 시대에 맞지 않는 부분도 있지 않을까 생각되지만, 그러한 것은 고전이 되었다고 생각하고 음미하여 주었으면 한다.

2. 분쟁 해결수단으로서의 화해

화해기술론이란 화해기술에 관한 논의라 할 수 있으나, 추상적인 논의를 하는 것이 아니라, 보다 나은 화해기술을 찾기 위한 방법을 찾는 것이다. 따라서 기술론을 말하기 전에 화해의 특색, 장·단점 등을 충분히 파악할 필요가 있다.

왜냐하면 법관은 국민에게 판결이나 화해라고 하는 법률 서비스를 제공하는 것이 업무일진데, 상품을 고객에게 판매하는 판매원이 그 상품에 관하여 충분한 지식이나 경험을 가지고 있지 않으면 제대로 판매할 수 없다는 이치는 법관이라고 하여 다르지 않기 때문이다. 그러므로 여기에서는 화해에 관한 기초적인 문제와 기술론을 다룰 때 참고가 될 수 있는 문제점에 관하여 살펴본다.

(1) 판결과 대비한 화해의 특색

민사재판절차에서 분쟁을 처리하는 수단은 화해 외에도 판결이 있다. 여기에서는 판결과 대비하여 화해의 특색에 관하여 생각해 본다.

판결의 특색은 한마디로 말해서 삼단논법에 있다고 말할 수 있다. 법규를 대전제, 과거 사실을 소전제로 하여 결론을 내는 것이다.

판결이 지향하는 것은 법의 실현, 즉 정의이고, 당사자의 동의나 출석이 없어도 절차를 강제적으로 완결할 수 있는 것이 특색이다. 민사소송법에 있는 대부분의 조문은 판결절차에 적용되는 것이고, 많은 조문을 필요로 할 정도로 판결에 이르기까지는 힘들고 긴 과정이 필요하다.

이와 달리, 화해는 당사자 사이의 합의를 통하여 타당한 해결을 도모하는 것이 특색이다. 여기에서 '타당'하다고 하는 것은 민사조정법 1조에 규정된 '조리를 바탕으로 실정에 맞게 해결'하는 것과 같은 뜻이다.

화해가 지향하는 것은 조리를 바탕으로 실정에 맞는 사건 해결이지만, 그 내용을 담보하는 것은 정의가 아니라, 당사자의 합의이다. 민사소송법 조문 중에 화해에 관하여 가장 중요한 조문이 2개 있다. 하나는, '법원은 소송의 정도와 관계없이 화해를 권고하거나, 수명법관 또는 수탁판사로 하여금 권고하게 할 수 있다'는 145조이고, 다른 하나는 '화해를 변론조서·변론준비기일조서에 적은 때에는 그 조서는 확정판결과 같은 효력을 가진다'는 220조이다. 당사자의 합의만 있으면 판결과 같은 힘들고 긴 과정을 거치지 않고도 분쟁을 처리할 수 있는 것이다.

이론적으로는 분쟁을 처리하는 것은 분쟁을 해결하는 것과 같은 뜻이라고 할 수 있겠지만, 당사자 사이의 분쟁을 실질적으로 해결한다는 관점에서 생각한다면, 그렇게 쉽게 같다고 말할 수는 없다. 뒤에 설명하겠지만, 화해의 장점과 단점을 판결과 비교하여, 실질적으로 분쟁을 해결하는 방향으로 선택할 필요가 있다.

(2) 판결주의자와 화해주의자

민사사건을 처리할 때, 판결과 화해라는 2가지 수단이 법관에게 있고, 그 중 어느 쪽을 중시하느냐에 따라, 판결을 중시하는 법관과 화해를 중시하는 법관으로 크게 나눌 수 있다.

전자의 법관을 판결주의자, 후자의 법관을 화해주의자라 부른다. 그러나 현실의 법관이 가지는 의식 속에는 판결과 화해 양쪽 모두 중요하고, 자동차의 양쪽 바퀴와 같은 관계에 있다고 생각하는 법관이 다수일 것이다. 다만 양쪽을 다 중시한다 하더라도, 우선 어느 쪽의 해결을 원칙적인 수단으로 하여 소송을 운영하는가에 따라, 판결을 원칙으로 하는 법관과 화해를 원칙으로 하는 법관으로 나눌 수 있다. 그러므로 다소 거친 표현이 될 수 있지만, 여기서는 판결주의자와 화해주의자라는 말을 사용하기로 한다.

판결주의자들은 전통적인 법관으로서, 당사자 사이에 서로 말이 통하지 않기 때문에 재판을 청구하였을 것이므로, 재판을 원하여 법원에 왔다면 판결을 하는 것이 당연하다는 생각을 가지고 있다.

이에 대하여 화해주의자들은, 민사소송은 당사자의 자치적 해결이 원칙이므로, 먼저 당사자 사이에 화해하도록 하는 것이 기본이고, 화해가 되지 않을 때 판결을 해야 한다는 사고방식을 가지고 있다.

전에는 판결주의자가 압도적으로 우세하여, 선배 법관으로부터 "화해판사가 되지 마라"는 말을 교훈처럼 들었다. 거기에는 민사재판의 원칙은 판결에 있고, 화해는 수단은 정당하지 않으나 목적에 부합하는 것, 즉 목적을 달성하기 위한 임기응변의 조치라고 하는 표면적인 이유와, 화해를 많이 하는 판사는 판결을 잘 쓰지 못하는 법관이라는 경멸적인 속뜻을 함께 내포하고 있었다. 그러나 지금은 대부분의 법관이 적극적으로 화해를 권유하고 있고,[1] 판결주의자의 사고방식을 갖는 법관은 극히 소수에 지나지 않게 되었다.

사물의 현상을 설명할 때는 원칙과 예외라는 사고방식보다는, 기본과 응용이라는 사고방식이 더 효용성이 높다. 그리고 화해가 민사소송의 기본적 해결수단(기본형)이고 판결이 응용적 해결수단(응용형)이라는 것이 이 책의 기본에 깔려 있는 생각이다.

※ 언제부터인가 변호사들로부터 법원이 적극적으로 화해권고를 하는 경우가 적어졌다는 불만을 듣고 있다. 민사재판의 심리촉진을 위하여, 그리고 판결도 쓰기 쉽게 되었다는 이유 때문에, 판결로 하면 쉽게 사건을 끝낼 수 있다는 생각을 가진 법관들이 증가한 것이 아닌가 하는 우려가 있다. 법관으로서는 화해와 판결의 선택이, 법관의 입장에서 어느 쪽이 편하게 사건을 종결할 수 있는가가 아니라, 어느 쪽이 사건의 진정한 해결에 도움이 되는가 하는 관점에서 판단되어야 한다.

---

1) 이는 법원 전체의 공식적인 입장이라 해도 크게 틀린 말은 아니다. 소송은 이제 '누가 이길 것인가'하는 해답을 내기보다는, 당사자 모두에게 '공동이익을 찾는 과정'이 되어야 한다. 이를 위해서는 양 당사자를 적으로 볼 것이 아니라 '분쟁해결을 위한 동반자'로 보는 안목이 필요하다(역자 주).

(3) 화해의 자리 매김

법관의 화해에 관한 관념이 변화함에 따라 판결에 대한 화해의 위치에 관한 사고방식에도 변화가 생겼다.

가. 전통적 화해관에 따른 화해의 위치

전통적인 화해관이란, 앞에서 말한 "화해판사가 되지 마라"는 말이 상징하듯이, 민사소송은 판결이 원칙이고 화해는 임기응변이라는 사고로서, 그 근본에는 재판제도는 정의를 실현하는 것이므로, 판결의 결론이 정의에 적합하다면 굳이 화해를 할 필요가 없다는 생각이 깔려있다. 다만 판결에 의한 해결이 예외적으로 실질적 정의에 반한다고 생각되는 경우(예를 들어 국민의 법의식이 시대와 함께 변화하여 실정법이 현실분쟁의 해결에 적합하지 않거나, 명백히 당사자의 실정에 맞지 않는 결론이 나는 경우)는 실정법대로 판결을 한다면, 부당한 결과가 되고 만다. 이러한 경우에 부당한 결론을 회피하기 위한 예비적인 방법으로서 화해가 존재하고, 화해로 실질적 정의와 실정에 맞는 해결을 해야 한다는 것이다. 이와 같이 전통적 화해관에 따르면 화해가 타당한 영역은 매우 좁다. 그러나 임기응변의 수단일지라도 실정법이 현실에 맞지 않는 경우의 해결 방법인 화해를 통하여, 판결의 결론이 부당한 경우를 구제하여, 판결은 정의를 실현한다는 명제를 유지할 수 있다. 이러한 전통적 화해관 아래서 화해를 한 마디로 표현하자면, "판결이 처리할 수 없는 경우의 구제형"이라고 부를 수 있다.

나. 적극적 화해관에 따른 화해의 위치

현재는 화해를 적극적으로 활용하는 법관이 압도적으로 많고, 법관의 의식은 혁명적으로 변화하였다고 말할 수 있다. 적극적 화해관이라 하더라도 이를 일률적으로 말할 수는 없지만, 크게 보아 다음의 3가지 견해가 있다.

① 첫째 견해는, 판결의 결론이 정의에 부합하다면 판결과 같거나 거기에 준하는 내용의 화해를 해야 하고, 그렇게 하는 것이 조속히 권리 실현을 도모할 수 있고, 정의에 부합한다는 것이다. 이러한 견해는 과거에 화해가 쌍방이 주장을 서로 양보하여 합의에 도달하는 것을 기본으로 한다는 사고에 서 있었는데 대하여, 이를 중요시하지 않는 점에 특색이 있다. 과거에는 서로 양보한다는 요소를 중시하여, 승소 확실한 당사자에게 양보를 강요하는 경우가 있었고, 이 때문에 화해가 당사자의 권리의식을 억누른다는 비판이 있었다. 그러나 여기서 말하는 형태의 화해는 적극적으로 권리를 실현하기 위하여 화해를 활용하는 것이다. 이와 같은 화해는 "**판결 선취형**"이라고 부를 수 있을 것이다.

② 두 번째 견해는, 판결의 결론은 원고나 피고 한 쪽이 전면적으로 승소하고, 다른 쪽이 전면적으로 패소하는 이것 아니면 저것(all or nothing)인 것이 원칙이나, 이를 회피하기 위하여 화해의 방법으로, 승소 가능성에 따라 비율적으로 나누는 방식으로 합의하는 쪽이 오히려 정의에 맞다는 것이다. 예를 들면, 심증이 5대5인 경우에 어느 한 쪽이 100% 승소하는 것은 오히려 정의에 어긋나고, 50%씩 나누어 주는 것이 공평하다는 것이다. 전통적인 화해관 아래서는 위와 같은 경우는 먼저 심리를 철저히 하여 흑백을 확실히 가리는 것이 원칙이고, 만약

심리를 다하여도 심증이 확실하지 않는 때에는, 증명책임에 따라 판결할 것이지, 화해를 해서는 안 된다. 이와 같은 화해는 "**획일적 결과**(all or nothing) **회피형**"이라고 부를 수 있다.

③ 세 번째 견해는, 판결의 결론에 반드시 구애되지 말고, 당사자 사이에서 분쟁의 실체를 파악하고 실정에 맞는 타당한 해결을 위하여, 판결이 할 수 없는 해결 수단으로서 화해가 존재한다는 것을 정면으로 인정하고, 화해를 통하여 판결의 한계를 넘어서려는 것이다. 이러한 사고는, 화해가 실정(조리)에 맞는 타당한 해결이라면 그것으로서 충분하다는 것이므로, 정의보다는 당사자에게 타당한 해결인가 여부를 중시하고 있다. 이러한 화해는 전통적 화해관 아래에서 예비적인 수단으로서 존재하던 "판결이 처리할 수 없는 경우의 구제형"이라는 음지의 존재였던 화해가, 표면에 당당히 나타났다고 할 수 있다. 이와 같은 화해는 화해를 판결보다도 더 적극적·긍정적으로 생각한다는 점에서 "**판결 극복형**"라고 말할 수 있다.

판결선취형이나 획일적 결과(all or nothing) 회피형은 모두 정의(또는 권리)에 기초를 둔 것이지만, 판결이 처리할 수 없는 경우의 구제형이나 판결 극복형은 모두 정의가 아니라 구체적 타당성에 기초를 두고 있다. 위와 같이 화해의 자리매김은 정의에 기초를 두는가, 구체적 타당성에 기초를 두는가에 따라 다른 결과를 가져온다.

민사소송 심리와의 관계에서 말한다면, 판결 극복형 이외에는, 먼저 판결의 결론을 예측할 수 없으면 화해의 결론도 예측할 수 없으므로, 가능하면 빨리 판결의 내용을 예측하기 위하여, 증거조사를 비롯한 심리를 빨리 해야 한다. 판결 극복형은 조리에 맞는 타당한 화해를 목적으로 하므로, 반드시 빨리 판결 내용을 예측할 필요가 없고, 화해에 필요한 사안의 파악도 당사자와 대화하면서 수집하면 충분하므로, 이른 단계에서 화해를 시도할 수 있다.

위에서 본 화해 중에서 어느 형태의 화해를 기본형으로 생각하는가는 법관에 따라 의견이 다르다. 현실에서 부딪히는 사건은 다양하고, 각자 타당한 국면이 있으나, 화해의 장점과 판결에 대한 독자성의 관점에서 본다면, 판결극복형 화해보다 더 우수한 것이 없으므로 이 형태가 기본형이라고 생각한다. 그러나 일반적으로 법관들은 반대로 이해하고 있는 것으로 보인다. 이러한 이해의 차이가 민사소송 심리와의 관계에서 미묘한 영향을 미친다.

또한 화해에 관하여 소극적으로 평가하는 사람과 적극적으로 평가하는 사람이 근본적으로 다른 것은, 각자가 화해에 대하여 가지고 있는 이미지가 다르기 때문이라는 점을 알아둘 필요가 있다.

화해에 관하여 소극적인 사람은 화해는 당사자 양쪽이 서로 "양보"하여 문제를 해결하는 것이라고 생각함으로써, 화해내용에 관하여 소극적이고 한정적인 이미지(과거지향)를 가지고 있다.

이에 대하여 화해에 관하여 적극적인 사람은, 서로 양보한다는 요소는 중요시 하지 않고, 당사자의 "합의"에 의하여, 그 사안에 맞는 가장 타당한 해결책을 만들어 낸다고 생각함으로써, 화해내용에 관하여 적극적이고 확장적인 이미지(미래지향)를 가지고 있다.

양보 중심의 이미지를 가지면, 소송물에 관한 다툼을 어떻게 하든 당사자 양쪽의 양보를 얻어내어 합의에 도달케 한다는 사고를 가지고 있으므로, 창조적인 요소가 필요 없고, 화해절차나 화해안을 연구하는 의욕을 저하시키며, 결론적으로 화해기술론을 연마하는데 장애가 된다.

※ 필자는 2016년 3월 학습원 대학교수를 정년퇴임하였다. 대학을 떠나면서 "화해는 미래를 창조한다"는 제목의 마지막 강연을 하였다. 그 내용에 관하여는 이 책의 뒷부분에서 설명하겠지만, 그 원점은 화해에 관한 미래지향적 이미지에서 출발한다.

(4) 화해의 장점

실제로 화해를 시도할 때에는 화해의 장점을 자신의 것으로 만들어 잘 활용할 필요가 있다. 화해를 당사자에게 권유하는 이상, 자기 스스로 화해를 통한 해결이 당사자에게 유리하다는 믿음이 없다면, 당사자에 대한 설득력이 생길 수 없다.

화해의 장점 중 ① 첫 번째는, 판결이 상소를 전제로 한 일시적 해결방법이지만, 화해는 분쟁의 최종적 해결방법이라는 것이다.

② 두 번째는, 판결은 법률에 따른 일도양단적인 해결을 하기 때문에, 획일적이고 이것 아니면 저것(all or nothing)인 결과가 되는 경우가 많지만, 화해는 조리를 바탕으로 실정에 맞는 타당한 해결안을 낼 수 있다는 것이다.

예를 들어, 판결은 당사자 사이에서 특정 사건에 관한 해결만 할 수 있지만, 화해는 소송물이 아닌 별개의 분쟁을 포함하거나, 재판의 당사자가 되지 않았던 제3자를 적절하게 끌어들여 해결할 수 있다. 이렇게 한다면, 당사자 사이의 분쟁 모두를 일거에 근본적으로 해결할 수 있다.

또한 판결은 과거 사실의 존부를 판단하여 해결할 수밖에 없으나, 화해는 당사자에 대한 장래의 영향까지도 고려하여 타당한 해결안을 만들 수 있다. 요컨대 당사자의 요구를 충족시킬 수 있는 범위가 판결에 비하여 훨씬 넓은 것이 화해의 특징이다. 당사자의 요구를 최대한 살려, 근본적으로 분쟁이 해결되는 것은, 법관으로서는 진정 보람되고 기쁜 일이다.

③ 세 번째는, 판결에서 이행의무를 지운다 하더라도 패소자는 오기로 자발적 이행을 할 가능성이 적고, 오히려 자기 재산을 다른 사람 명의로 변경하는 등으로 강제집행을 면하려고 한다.

이와 달리, 화해를 하면 스스로 법관에게 이행을 약속하였기 때문에, 자발적으로 이행하려고 하는 경향이 있다. 돈이 없으면 다른 사람으로부터 빌려서라도 지급하려는 경우도 있어서 그 차이는 매우 크다. 이웃이나 친족 사이의 분쟁에서는 더욱 그러하다. 노동분쟁에서도 해고자의 원만한 직장복귀는 화해로써만이 가능하다고 할 수 있다.

④ 네 번째는, 판결을 하려면 법관과 사무관의 업무가 힘들고 복잡하지만, 화해를 하면 그러한 수고가 적어지거나 생략할 수 있다는 이점도 있다. 사건 수가 급증하고 해결하기 어려운 사건이 증가하고 있는 현상에 비추어, 이 점은 간과할 수 없는 장점이다. 그러나 이것은 오로지 법원의 사정에 따른 장점이고, 당사자의 입장에서 본 장점이 아니므로, 어디까지나 부차적인 것으로 생각해야 한다.

(5) 화해의 단점

앞에서 본 화해의 장점은 실제로 그 효과가 탁월하지만, 진정한 의미에서 당사자를 위한 화해를 지향하기 위해서는, 화해의 단점과 판결의 장점에 관하여 정리하여 둘 필요가 있다.

화해의 단점 중 ① 첫 번째는, 당사자가 합의하지 않으면 할 수 없다는 것이다. 따라서 아무리 정당하고 타당한 해결책이라 하더라도, 당사자가 따라와 주지 않으면 화해할 수 없다. 또한 합의는 법원의 면전에서 해야 하므로 당사자가 법원에 출석하지 않으면 성립할 수 없다. 그러나 법원에 출석하는 문제는, 미리 화해안을 받아들일 의사를 표시한 당사자나, 법원에 모든 것을 위임하겠다는 당사자에게, 먼 곳에 있다거나 병이 나서 출석이 곤란한 경우까지, 출석하지 않는다는 이유로 화해를 할 수 없다는 것은 국민의 입장에서 볼 때 지나치게 불편하다.

그래서 민사소송법에는 서면화해제도[2]를 두고, 민사조정법에는 신청인이 조정기일에 2회 불출석한 경우에는 조정이 취하된 것으로 보지만(31조), 피신청인이 조정기일에 출석하지 않은 경우에는 특별한 사정이 없다면, 조정담당판사는 직권으로 당사자의 이익을 비롯한 모든 사정을 참작하여 신청인의 신청취지에 어긋나지 않는 한도 안에서, 사건의 공평한 해결을 위한 결정(강제조정결정)을 해야 한다(31조, 30조)는 규정을 두고 있다.[3]

2) 민사소송법 148조 3항의 서면화해제도는 불출석 당사자가 화해의 의사표시가 기재된 인증서를 제출하고 상대방이 변론기일에 출석하여 그 의사표시를 받아들인 때에는 화해가 성립된 것으로 보는 제도이다. 실무상 사례가 매우 적다(한국법과 관련된 본문과 각주 모두 역자가 씀).

3) 일본 민사소송법에서는 2가지 제도를 두고 있다. 한 가지는 화해조항안의 서면

그렇다 하더라도 화해에 협력적인 당사자에 대하여는 효과가 있을지 몰라도 비협력적인 당사자에 대하여는 아무 소용이 없는 제도이다.

이러한 경우에도 판결은 가능하다. 판결은 당사자가 출석하지 않거나 협력하지 않아도 할 수 있다는 장점이 있다.

② 두 번째는, 당사자 이외의 제3자는 화해에 참가하지 않으면 화해의 효력이 미치지 않는다는 점이다. 가압류·가처분이 되어 있거나, 저당권이 설정된 부동산의 경우에는, 그 이후의 제3취득자에게 대항할 수 있으므로, 판결을 선고할 때는 제3취득자를 무시하고 결론을 내릴 수 있다. 그러나 화해는 당사자 사이의 임의적 해결에 불과하므로, 원칙적으로 제3자에 대한 효과가 없다.

주의할 것은, 부동산등기청구권을 보전하기 위한 처분금지 가처분 후에 제3자 명의로 된 등기를 말소함에는, 가처분 채권자와 가처분 채무자 사이의 승소판결에 한정되지 않고, 화해도 가능하다(등기예규 109호). 그러나 형식적 심사권밖에 갖지 못하는 등기공무원은 피보전권리의 동일성을 확인할 방법이 없다. 그리고 판결에서 패소하는 경우에도 화해금을 지급하거나, 다른 문제를 양보함으로써, 등기에 관한 가처분 권리자의 권리실현을 내용으로 하는 화해가 성립하는 경우도 있어서, 제3자의 권리를 해칠 가능성이 있다. 이 경우는 제3자가 말소등기회복소송을 제기하면 된다는 것이 등기예규의 취지로 보이지만, 화해는 당

으로 승낙하는 것(264조)이고, 또 하나는 법원이 정하는 화해조항(265조)이다. 전자는 원격지에서 출석이 곤란하거나 그 밖의 사정이 있으면 법원이 정한 화해조항안에 수락하는 서면을 제출하면 화해가 성립한 것으로 보는 제도이고, 후자는 당사자의 공동신청이 있을 때는 법원이 사건해결을 위하여 적당한 화해조항을 정할 수 있는 것이다(한국법과 관련된 본문은 역자가 쓰고, 일본법에 관한 각주는 원저자의 본문을 옮겼음).

사자 사이의 당해 분쟁을 해결하는 것뿐만 아니라, 분쟁의 재발을 예방하는 것도 중요한 사명이므로, 실무에서는 이러한 경우에도 제3자를 이해관계인으로 불러서 3자간에 장래 분쟁이 일어나지 않도록 전면 해결을 하는 것이 보통이다.

③ 세 번째는, 형성소송에서는 화해를 할 수 없다는 견해가 일반적이라는 점이다. 집행관계소송은 원래 금전소송이므로 금전의 지급을 약속하는 합의를 하면 되지만, 경계확정소송에서는 모든 문제를 소유권확인의 합의로 처리할 수는 없으므로 문제가 있다. 소유권확인의 취지로 화해가 성립한 후에 경계확정소송이 다시 제기된다면 곤란한 문제가 생긴다.

이혼소송에서 이혼 화해는 협의이혼이나 조정이혼이 가능한 점에 비추어 이를 인정하고 있는 것이 실무이다.[4)]

④ 네 번째는, 화해는 판결과 달리 세무서 등 국가기관이 다른 견해를 가지고 화해조항을 존중하지 않는 경우가 있을 수 있다는 점이다. 예를 들면, 부동산을 5,000만원에 매도하고, 위자료를 5,000만원 지급한다는 화해가 성립하더라도, 세무서는 1억원 전액을 매매대금으로 인정하여 과세할 수 있다.

이것은 화해의 단점이라기보다는, 비상식적인 화해를 해서는 안 되고, 화해는 재판제도 안에서 하는 합의이므로, 정의에 반하거나, 현저하게 상식에 반하는 내용의 합의를 해서는 안 된다는 뜻으로도 해석할

---

4) 일본에서는 과거에는 이혼 화해를 인정하지 않고, 협의이혼을 합의하는 내용의 화해를 성립시키는 방법을 이용하였다. 그래서 이혼신고를 하지 않은 경우나 화해 후에 불수리신청을 제출한 경우에 곤란한 문제가 발생하였다. 그러나 현재는 법 개정으로 소송에서도 이혼 화해를 인정하고 있다.

수 있다.

⑤ 다섯 번째는, 화해의 단점은 아니지만, 등기청구소송과 같이 의사표시를 구하는 소송은 판결이 확정된 때에 상대방이 의사표시를 한 것으로 간주되므로 즉시 집행이 종료된다. 그러므로 집행이 곤란하다고 하는 판결 본래의 난점이 의사표시를 구하는 소송에서는 없으므로, 이 경우에는 판결의 단점이 문제되지 않는다.

금융기관, 보험회사나 일류기업이 피고인 경우에, 이러한 기업은 지급능력에 문제가 없으므로, 집행이 곤란하다는 판결 본래의 단점이 없다. 이 경우에는 오히려 화해를 원하지 않고 판결을 구하는 경향이 있다. 판결집행이 곤란하다는 점을 고려한 피해자 구제의 문제를 고려할 필요 없고, 금전 지급을 명하는 것만으로 분쟁이 해결되는 경우에는, 조속히 판결을 선고해 주어야 한다.

(6) 화해에 대한 비판, 불만

화해에 대한 비판과 불만도 경청할 필요가 있다.

예를 들어, ① 법관이 강압적으로 화해를 강요하거나, ② 적당하게 중간 정도를 제시하는 해결안밖에 제시하지 못하거나, ③ 사건을 처리하는 데만 관심이 있다든가, ④ 승소할 사람에게 양보하도록 하는 것은 국민의 권리의식을 억눌러 정의감을 희박하게 한다든가, ⑤ 자기 고집만 부리는 사람만 득을 보고 착한 사람이 손해를 본다든가하는 여러 가지 비판과 불만이 있다.

이와 같은 비판과 불만은, 경청할 만한 가치가 있으나, 그것은 화해를 하는 방식이나 내용에 관한 것이고, 화해의 본질적인 중요성을 부정하는 것은 아니다. 화해 중에는 당사자가 납득하는 좋은 화해와 당사자에게 불만이 남는 나쁜 화해가 있지만, 앞에서 본 비판은 바로 나쁜 화해에 대한 것이다. 화해가 되기만 하면 좋은 것이 아니라, 당사자 쌍방이 기꺼이 받아들이는 좋은 화해를 지향해야 한다.

강요나 어쩔 수 없이 수동적으로 받아들이도록 하는 화해를 시도해서는 안 되고, 당사자의 주체성을 존중하는 방향으로 화해가 운영되어야 한다. 그러기 위해서는 최소한 다음과 같은 점을 배려할 필요가 있다.

① 서로 합하여 반으로 나누는 것과 같은 화해안은 마지막 단계에서 달리 대안이 없을 때에만 사용하고, 그 이전 단계에서 나와서는 안 된다. 그 앞의 단계에서는 보다 창의적인 화해안을 연구해야 한다.

② 사건을 신속하게 처리하는 것은 당연한 일이지만, 무리하게 사건을 처리하는 것은 바람직하지 않다. 적어도 설득력 있고 질 높은 해결을 향하는 마음의 여유를 가질 필요가 있다.

③ 화해를 하기 위하여 당사자에게 양보를 촉구할 수는 있겠지만, 일방적으로 강요하거나 약점을 잡고 양보를 강요하는 것과 같은 불공정한 감정을 느끼지 않도록 배려해야 한다. 당사자 모두가 양식 있는 타협을 받아들이는 것이 당해 사건의 해결에 최선의 방법이라는 생각을 할 수 있도록 노력해야 한다.

많은 변호사나 당사자들이 만족스럽지 못한 화해를 강요하는 법관의 자세에 불만을 품고 있는 것은 사실이다. 어느 법관이든 만족할 수 있는 화해뿐만 아니라 뒷맛이 개운치 않은 화해를 한 경험이 있을 것이다. 그래서 화해가 되지 않은 때에는 판결이 있다는 것이 민사소송절차를 떠받치고 있는 중요한 요소라는 사실을 항상 마음에 두어야 한다.

그런 의미에서 화해를 필요 이상으로 높이 평가해서는 안 되지만, 그렇다고 하여 화해를 소극적으로 할 필요는 없다.[5] 왜냐하면 소극적 화해론을 지지하는 사람도 화해가 되어 다행이라고 생각하는 사건이나, 화해를 열심히 권하는 법관의 자세에 공감하는 사건도 많이 있을 것이다. 화해를 소극적으로 하면 좋은 화해를 시도하려는 의욕을 잃게 되므로, 오히려 국민의 기대에 어긋날 수 있다. 소극적으로 하지 말고, 적극적으로 당사자 쌍방이 만족하는 좋은 화해를 목표로 노력해야 하고, 그러한 방향으로 노력하는 것이 화해기술론의 기초가 된다.

(7) 기술론이란

여기서는 기술론이란 무엇인지 한번 생각해보자. 기술론과 대비하여 정신론이란 것이 있다. 화해뿐만 아니라 다른 모든 분야에서 흔히 마음과 솜씨와 몸 3가지가 언급되고 있다. 마음은 '정신', 솜씨는 '기술', 몸은 '건강한 신체'를 의미한다. 건강한 신체는 무엇보다 중요하지만 너무나 당연한 것이어서, 마음과 솜씨에 대하여 생각해보기로 한다. 마음을 논의하는 것이 정신론이고, 솜씨를 논의하는 것이 기술론이다.

5) 소극적 화해론를 주장하는 견해로는 那須弘平변호사, "謙抑的和解論", 木川古稀, 민사소송의 충실과 촉진(상), 711면, 1944, 참고

화해에서는 마음과 솜씨 모두 중요한 것으로서, 어느 쪽도 없으면 만족한 결과를 가져올 수 없다. 그러므로 기술만을 좇아서는 잘 될 리가 없다.

화해를 이끌어내는 방식은 단순한 기술이 아니라, 자신의 가치관을 발현하는 것이다. 정신론이든 기술론이든, 둘 다 바람직한 화해의 존재방식을 다른 방향에서 보는 것일 뿐이고, 바람직한 화해방식에는 차이가 없다. 정신이나 열정만으로 어떻게든 화해를 성립시키려고 하더라도, 실제로 화해기술이 미숙하다면, 얼마든지 가능한 화해도 실패할 수 있다. 그러한 경험이 쌓이다 보면 화해기술의 향상을 추구하는 마음이 더욱 간절해진다.

한편으로, 아무리 화해기술을 배우더라도, 그 속에 정신적으로 자신의 생각이 들어가지 않으면, 상대의 마음을 움직일 수 없다. 이것이 기술의 한계이고, 기술을 진정으로 활용하기 위해서는 정신적인 면을 고양할 필요가 있다.

결국 어느 쪽으로 접근하더라도, 목표지점은 같다. 그렇지만 정신적인 면을 논쟁하는 것은 아무리 논의하여도 각자 인간의 가치관 논쟁으로 끝날 뿐이고, 아무리 해도 목표에 도달할 수 없다는 한계가 있다. 반대로 기술적인 면에서 논의를 출발하는 것은 처음부터 목표를 세울 수 있으므로 보다 쉬운 방법이 된다. 이것이 여기서 정신론보다 기술론을 전면에 내세우는 이유다. 또한 앞으로 이 책의 내용을 읽으면 알게 되겠지만, 기술론으로서 들고 있는 내용 중에서 많은 부분이 실제로는 정신론과 관련되어 있는 이유도 바로 여기에 있다.

(8) 기본형과 응용형

화해기술에는 여러 가지가 있지만, 이러한 기술은 모든 것의 기본이 되는 형태(기본형)과 응용이 되는 형태(응용형)의 2가지 종류로 나누어 생각할 수 있다.

왜냐하면, 실제로는 화해기술에는 여러 가지가 있고, 그 중에는 언뜻 보아 서로 상반되는 것으로 보이는 것도 있다. 예를 들면 "당사자를 친절하게 대하라"는 방법이 있는가 하면, 반대로 "당사자를 냉정하게 대하는 것이 좋다"는 방법도 있다.

이것은 격언이나 속담에도 언뜻 보기에 모순이 있는 것과 비슷하다. 예를 들면 "말은 해야 맛이고 고기는 씹어야 맛이다"는 말이 있는가 하면, 반대로 "말이 많으면 쓸 말이 적다"는 속담도 있다.

그러면 이 두 가지 속담 중에서 어느 것이 바른 것이고, 어느 쪽이 틀린 것인가. 해답을 말하자면, 둘 다 옳은 것이지만, 그 적용범위가 다르다는 것이다. 어느 한 쪽이 기본이고 다른 쪽이 응용의 관계에 있다.

그 중에서 적용범위가 넓은 쪽이 기본형이고, 좁은 쪽이 응용형이라 할 수 있다. 앞에서 든 예에서 본다면, 사람을 친절하게 대하는 쪽이 기본형이고, 그런 생각으로 먼저 당사자를 대해야 하지만, 예외적으로는 그렇지 않는 사람도 있을 수 있기 때문에, 그러한 예외적인 경우에는, 사람을 냉정하게 대하는 응용형을 활용하는 것이 효과적이다.

다만 원칙적으로 모든 사건에서 적용범위가 넓은 기본형으로부터 시작해야 한다. 기본형을 사용하여도 잘 되지 않을 때 비로소 응용형을 사용해야 한다. 기본형에는 특효약과 같은 효과는 없으나, 적용범위가 넓고 부작용이 생길 염려가 없다. 그에 비하여 응용형은 적용범위가 좁고 일부 한정된 사건에서는 특효약적인 효과를 발휘하지만 반대로 부작용도 크다.

기본형과 응용형을 분류함으로써 얻는 이점은 2가지가 있다.

① 첫째는, 다종다양한 화해기술을 분류하는데 유용하다. 기본형으로 분류한 유형은 모두 널리 이용할 수 있는 것으로서 법관의 개성에 따른 차이가 적기 때문에, 처음 화해를 담당하는 법관으로서는 매우 큰 도움이 되는 표준적인 방법이 될 수 있다. 한편 응용형으로 분류된 것은 복잡다기한 현실의 실무에서 언제든 발상을 전환하는데 필요한 참고자료로서 자리 매김할 수 있다. 이를 위하여는 여러 법관들의 연구가 집적될 필요가 있다.

② 두 번째는, 구체적인 사건에서 화해를 시도할 때 지침이 될 수 있다는 것이다. 화해를 시작할 때에는, 법관도 사정을 잘 알지 못하기 때문에 탐색 단계에서 출발하지만, 이때 그와 같은 사건에서 기본형은 무엇이고 응용형은 무엇인가를 몇 번인가 생각하여 피드백(feedback)하는 것은 그 사건에서 적절한 방식을 발견하는 데 큰 효과가 있다.

이와 같이 화해 기술을 기본형과 응용형으로 구분함으로써, 언뜻 모순되는 것같이 보이는 기술도 실제로 개별 사건의 사안별로 검토해보면 모순되는 것이 아니라, 기본형과 응용형이 서로 보완되어 바람직한 화해 방식을 찾는데 도움이 된다.

또한 기본형과 응용형은 처음부터 고정된 것이 아니라, 응용형에서 다시 기본형으로 돌아오는 경우의 기본형은 실질적으로는 응용형이라 할 수 있다. 또한 응용형이라 하더라도 기본형에 가까운 일반적인 것으로부터 극히 한정된 국면에서만 사용할 수 있는 고급 형태까지 여러 가지가 있다. 그러므로 이 책에서 하는 구별은 어디까지나 상대적인 것이다. 다만 기본과 응용이라는 발상이 매우 쓸모가 있기 때문에 이를 이 책의 기본으로 삼고자 한다.

3. 화해 운영의 방법

(1) 화해를 시도하는 시기

법원은 소송 진행의 정도(단계)에 관계없이 언제든지 화해를 권고하거나, 수명법관이나 수탁판사로 하여금 권고하게 할 수 있다(민소 145조). 특히 화해권고결정은 소송 계속 후 판결 선고 전이라면 언제라도 별도의 조정회부 없이 할 수 있다(민소 225조).[6] 그러므로 조문상으로는 법원은 화해를 언제든지 시도하더라도 문제없으나, 현실적으로는 어느 시기에 하는 것이 타당하고 효과적인가 하는 점에 대하여는 의견이 갈린다.

일반적인 사건은 소제기, 소장 진술, 쟁점정리, 증거조사, 변론종결, 판결의 단계를 거치는데, 학자 중에는 화해는 원칙적으로 쟁점정리 후에나 증거조사를 마친 후에 해야 한다는 견해가 있다.[7] 종래 법관들의

---

6) 주의할 것은 화해권고결정은 소송계속 중인 사건에 대하여만 할 수 있으므로, 소장 심사단계에서 바로 화해권고결정을 하여 화해권고결정정본을 소장부본과 함께 피고에게 송달하는 방식은 허용될 수 없다. 민사재판실무편람(2008), 85면(역자 주).

7) 石川明, “서독 민소법 279조와 소송상의 화해” 판례타임즈 494호 44면, 1983년.

다수 견해이다.

그러나 소송의 어느 단계에서도 화해를 시도할 수 있는 기회가 있고, 실제로 최근 시행되고 있는 이른바 조기조정제도는 본격적인 재판을 시작하기 전에 조정에 회부하여 상당한 효과를 거두고 있다.[8)]

종래 소장 진술 이전 단계에서는 원칙적으로 화해를 시도해서는 안된다는 이유는 변론의 방법과 제1회 변론기일에 대한 사고방식에 근거한다.

제1회 변론기일을 어떻게 할 것인가에 대하여는 이념적으로 보아 2가지 방식이 있다. 하나는 제1회 변론기일부터 실질적인 심리를 해야 한다는 것이고, 다른 하나는 제1회 변론기일은 사건을 분류하는데 사용해야 한다는 것이다.

전자의 입장을 취한다면 제1회 변론기일까지는 소장, 답변서, 준비서면을 교환하여 쟁점을 정리하는 것이 반드시 필요하고, 그래서 이러한 방식은 '**서면 선행형**'이라고도 부른다. 이러한 방식으로 한다면, 제1회 변론기일 이전의 서면 교환단계에서 쌍방의 화해의사가 확인되고, 화해기일을 지정하여 화해성립까지 이르는 경우가 나올 수 있다.

후자는, 제1회 변론기일은 실질적인 심사에 들어가지 않고, 사건의 특성에 따라 그에 맞는 심리방법을 분류하면 충분하므로, 심리촉진을

---

8) 서울중앙지법이 2010. 3. 15.부터 12. 31.까지 시범적으로 실시한 조기조정제도는 특히 법원 내 상임조정위원이 활동하는 조정센터의 설립과 함께, 전체 조정회부 사건 중 90%를 조기조정에 회부함으로써, 변론 중 조정사건은 오히려 예외가 되고 제1회 변론기일 이전의 조기조정사건이 원칙화되었다. 조기조정결과보고(요약), 서울중앙지방법원(2011. 2. 24. 코트넷 지식문서 등록), 3면 참조(역자 주).

위하여 제1회 변론기일을 될 수 있으면 빨리 지정할 필요가 있다고 한다. 이 때문에 이러한 사고방식은 '**조기기일 지정형**'이라고도 부른다.

서면선행형은 독일의 슈투트가르트(Stuttgart) 방식을 따른 것으로서, 충실한 심리를 위하여 서면교환을 선행하는 것으로서 매력적이기는 하다. 그러나 제1회 변론기일 전에는 피고의 대응이 불분명한 경우가 많고, 피고가 결석할 가능성도 많아, 이를 기본형으로 채용하는 것은 시간 낭비가 될 위험이 크다.

민사소송법은 조기기일 지정형을 기본형으로 채택하고 있으므로, 재판장은 답변서가 제출되면 최대한 빨리 제1회 변론기일을 지정해야 한다(민소 258조 1항, 민규 69조). 그러면서도 제1회 변론기일부터 실질적인 심리를 하기 위하여, 법원은 소장 부본을 피고에게 송달해야 하고(민소 255조), 피고는 소장 부본을 송달받은 날로부터 30일 이내에 답변서를 제출해야 하며(민소 256조), 답변서가 제출되지 않는 경우에는 변론 없이 선고할 수 있고, 답변서가 제출되면 바로 변론기일을 지정하는 것이 원칙이나, 별도의 쟁점정리절차가 필요한 사건은 심리의 충실을 위하여 준비절차에 부칠 수도 있다(민소 258조).[9)]

대부분의 법관들은 조기 기일지정형을 기본형으로 하고 있어, 원고나 피고의 의향을 조사하여 화해의사를 확인할 수 있으나, 적극적으로 제1회 변론기일 이전에 화해를 시도하는 경우는 없었다. 그러나 제1회 변론기일이 지나면, 자백간주판결을 할 것인가, 쟁점정리를 할 것인가, 화해절차로 갈 것인가 중 어느 하나로 사건을 분류할 수 있으므로, 바

9) 민사재판실무편람(2008. 2), 25면 참조(본문의 한국 민사소송법 규정에 관한 설명은 역자 편집).

로 화해를 시도하거나, 쟁점정리를 하면서 화해를 타진하는 경우가 있다. 경우에 따라서는 증거조사 도중이나 변론종결 후에도 화해를 시도하는 수가 있다.

드문 일이기는 하지만, 당사자의 요구에 따라 판결 선고 후 항소기간 중에 화해를 한 사건도 있다. 자백간주 판결 후에 원고 대리인에게 피고가 연락하여, 원고 대리인이 피고와 동행하여 화해가 성립한 것이다. 이러한 일이 일어날 수 있는 것은, 원고 승소판결을 받더라도 당사자(특히 피고)의 사정이 고려되지 않아 피고의 이행의욕을 기대할 수 없을 때, 원고가 양보하더라도 피고가 이행할 수 있는 내용으로 화해성립을 희망하는 경우가 있기 때문이다.

(2) 화해기일의 지정방법

원래 화해절차와 변론절차는 엄격히 구별되어 있고, 화해기일을 지정할 때는 변론기일은 그 후에 지정하는 것이 보통이다. 그런데 언제부턴가 변론겸화해라고 하는 변론절차와 화해절차가 동시에 시행되는 특수한 방식이 생겨나서, 이것이 순식간에 전국 법원의 실무 관행이 됨으로써, 대부분의 화해절차는 변론겸화해기일로 지정되어 운용된 적이 있었다.

이렇게까지 변론겸화해가 널리 사용된 것은, 변론겸화해가 법관이나 소송대리인으로서는 매우 편리하기 때문이다. 변론겸화해의 장점을 들어본다.

① 실질적으로 쟁점정리가 가능하다. 준비서면을 기초로 대리인이 2, 3분간법정에서 변론하는 것만으로는, 변론이 형해화되고, 형식적인 쟁점정리는 할 수 있더라도, 사건의 본질에 입각한 진정한 쟁점정리는 할 수 없었다. 이를 타개하기 위하여 대리인뿐만 아니라 경우에 따라 본인도 출석하여, 어느 정도의 시간을 들여서, 무릎을 맞대고 솔직히 사건에 관하여 논의하는 것이 도움이 되지만, 이는 공개 법정에서 하는 것보다는, 비공개로 준비실 등에서 시간을 들여 실시하는 편이 더욱 효과적이다(쟁점정리형).

② 화해가 성립하지 않은 경우에 시간이나 노력의 손실을 최소한으로 방지하여 심리를 촉진시킬 수 있다. 먼저 화해로 해결해보고 여의치 않을 때 판결로 하는 것이 바람직하다고 생각한다면, 화해로 해결할 수 있는 사건은 빠른 단계에서 화해로 정리하려는 것은 자연스러운 생각이다. 그러나 실패하는 경우에 손실의 위험이 있으므로, 화해절차 중에 준비서면 진술이나 증거제출, 서증조사를 할 수 있다면, 그러한 시간이나 노력의 손실이 없어 매우 편리하다(화해중심형).

③ 실제 사건을 처리할 때는 소송을 진행하는 과정에서 장래의 예측이 불투명한 경우가 많고, 사건처리의 테크닉이라는 면에서도, 여러 가지 국면이나 상황 변화에 대응하기 위해서는, 될 수 있으면 융통성 있는 절차가 필요하다. 그런데 변론겸화해는 양쪽 절차를 모두 겸하고 있으므로 융통성이 있고 사안에 따라 유연하게 대처할 수 있다.

그러나 변론겸화해에는 절차공개라는 점에서 문제가 있고, 당사자의 입장에서 본다면, 변론겸화해는 어느 쪽을 주된 목적으로 운용되는지 알기 어렵고, 쟁점정리의 이름을 빌려 사실상 화해를 목적으로 운용된다는 비판이 있었다.

개정 민사소송법(2007. 7. 13. 법률 제8499호)에서는 변론겸화해가 실무에서 운용하는 형태로는 도입되지 않았다.[10] 현행 민사소송법이 인정하고 있는 화해적인 법적 해결수단으로서는, ① 소송절차 진행 중에 하는 화해의 권고(145조), ② 재판상 화해(154조 1호, 220조), ③ 서면에 의한 화해제도(148조 3항)[11], ④ 화해권고결정 제도(225조 - 232조)[12], ⑤ 조정회부 제도[13]가 있다. 따라서 화해를 목적으로 하는 절차는 화해기일에서 하는 것이 원칙으로 되어 있다. 일본에서도 개정 민사소송법의 취지가 변론겸화해는 인정되지 않는다고 일반적으로 이해되고 있다. 즉 화해를 목적으로 할 때에는 화해기일을, 쟁점정리를 목적으로 할 때에는 변론준비기일을 지정해야 한다. 변론절차와 화해절차를 엄격히 구별하는 것이 원칙이므로, 화해가 성립되지 않은 경우의 손실을 피하

---

10) 변론겸화해를 시작한 일본도 개정 민사소송법에서 그러한 규정을 두지 않고 있다.

11) 변론준비절차에도 준용된다(민소 286조). 다만 화해의사가 공증사무소의 인증이 필요하고, 실무상 그러한 경우가 거의 없기 때문에 실무에서는 거의 활용되지 않는다. 이 경우는 화해권고결정 제도를 이용하면 될 것이다. 이와 관련하여 화해뿐만 아니라 서면에 의한 청구의 포기와 인낙의 제도가 함께 도입되었다(민소 148조 2항).

12) 화해권고결정은 수소법원 조정과는 달리 소송절차를 떠나지 않은 상태에서 활용할 수 있는 제도로서, 실질적으로 조정에 갈음하는 결정(민사조정법 30조 이하)과 동일한 기능을 하는 제도이다. 소송절차의 진행과정 어느 단계에서든 간이하고 신속하게 활용할 수 있고, 소송절차를 중지시킬 필요가 없는 등 수소법원 조정제도에 비하여 매우 유연하고 탄력적인 수단이다.

13) 수소법원은 변론종결 후에도 사건을 조정에 회부하여 조정을 시도하고, 조정에 갈음하는 결정을 할 수 있다{민사 및 가사조정의 사무처리에 관한 예규(재민 2001-8) 11조 1항}.

기 위해서는, 그때그때 변론절차와 화해절차를 바꾸어서 연속적으로 접속함으로써 손실이 최소화되도록 운용할 필요가 있다.

쟁점정리절차 중에 화해의 기운이 무르익었을 때는, "지금부터 화해절차에 들어갑니다"라고 고지하여 화해절차로 이행한다. 과거 변론겸 화해를 일반적으로 운영할 때는, 변론기일을 지정하면서 조정실을 사용하여 왔으나, 현재는 변론절차와 화해절차를 엄격히 운영하다 보면 그렇게 법정을 운영하는 것이 곤란하여(변론 공개의 문제), 이전보다는 불편하기는 하나, 법의 취지가 그러하니 법관으로서는 이를 감수할 수 밖에 없다.

응용형으로서, 증거조사 중에 증인(감정인 포함) 절차와 병행하여 화해를 시도하는 방법이 있다. 증인신문에 들어가면 2-3주에 1회 정도의 비율로밖에 기일을 넣을 수밖에 없으나, 그 동안을 이용하여 병행적으로 화해를 시도하면 효율도 높고, 의외로 성공할 수 있다. 미제사건이 증가하고 증거조사기일의 간격이 1개월 이상이 되면, 이러한 병행화해를 활용하여 1건이라도 화해를 성립시켜, 그 사건에서 예정되어 있던 증거조사기일을 다른 사건의 증거조사에 사용할 수 있으므로 미제사건 해결에 도움이 될 것이다.

제1회 변론기일에서 피고가 출석하지 않았지만, 전화로 화해를 희망한다는 의사를 표명하였거나, 건물인도청구 등에서 바로 판결을 선고하는 것이 내키지 않는 경우가 있다. 이 경우에는 바로 판결을 선고하거나 반대로 하릴없이 기일을 속행하는 것보다, 변론을 종결하고 일단 화해권고결정을 해보는 것도 한 방법이다.

(3) 화해의 지침

증거조사 이전 단계에서는 일반적으로 법관의 심증이 형성되지 않은 상태이므로, 무엇에 근거하여 화해를 시도할 것인가 하는 문제가 있다. 이 점에 관하여는 법관 주도형이 아닌 당사자 주도형의 화해를 시도해야 한다는 견해가 있다.[14)]

한편, 木川統一郎 변호사는 "독일에서 법관의 증거조사 전 화해권고는 당사자 주도형이지만, 원피고 쌍방의 주장에 모두 타당성이 있는 경우에 법관의 당사자에 대한 설득력이 약하고 지나치게 빨리 화해를 포기하는 것이, 일본 법관에 비하여 너무 어이가 없을 정도다"고 한다.[15)]

우리나라 법관 중에도 심증이 형성되지 않으면, 법관은 확신을 가지고 화해를 시도할 수 없다는 생각이 상당히 뿌리 깊은 것은 사실이다.

그러나 반드시 그런 것은 아니고, 심증이 형성되지 않았다 하더라도 화해를 시도할 수 있다. 또한 당사자 주도형이라고 하여 법관의 설득력이 약하다는 것과 직결되지 않는다.

법원이 없다 하더라도 사람들이 많다 보면 분쟁은 끊이지 않는다. 이러한 경우에 분쟁해결은 기본적으로는 당사자 사이에서 자주적으로 교섭하여 해결하는 것이 원칙이다. 교섭이 원활히 진행되기 위해서는 당사자 사이에 대화가 필요하다. 그러므로 제3자가 개입하여 당사자

---

14) 石川明, 화해재판관과 소송재판관의 역할 충돌, 판례타임즈 525호 74면, 1984년.

15) 木川統一郎, 서독에서의 집중증거조사와 그 준비, 판례타임즈 489호 24면, 1983년.

사이의 대화가 잘 진행되도록 도와준다면, 당사자끼리만 교섭하는 것보다 당연히 더 좋은 결과가 나올 것이다.

제3자가 경험이 풍부하고 인격과 식견이 있는 사람이라면 성공의 가능성이 더 높아진다. 이것이 일반 민간인을 조정위원으로 위촉하는 이유이다. 그 제3자가 법률에도 밝은 법관인 경우에는 더욱 효과적이고, 그 법관이 소송사건을 담당하여 판결을 선고할 위치에 있다면, 최대의 효과가 있을 것이다.[16)]

이와 같이 판결을 하는 입장에 있는 법관이 최대의 설득력을 가지지만, 분쟁의 실체 그 자체는 법원에 제기된 사건과 일반적인 분쟁이 다르지 않다. 당사자 쌍방이 하고 싶은 대화를 모두 할 수 있었다면, 법원에 소를 제기하지 않아도 해결될 수 있었을 사건은 얼마든지 있다. 이것은 소 제기 이후에도 마찬가지다.

그러므로 당사자 쌍방이 대화를 하였더라면 해결할 수 있었을 것이라고 생각되는 사건은, 당사자가 대화할 수 없었던 원인을 찾아내어 그 장해를 제거함으로써, 진정한 대화를 할 수 있도록 법원이 노력한다면, 화해는 자연히 이루어질 수 있다. 이것이 화해 성립에 가장 기본적인 요소이다. 결국 당사자에게 내재하는 자연의 회복력(자주해결능력)을 끌어내는 것이 가장 중요한 포인트다. 조정에서 동석조정을 기본형으로 생각하는 사람 중에도 동석조정의 배후에는 당사자의 자기해결능력에 대한 깊은 신뢰가 있다고 믿는 사람이 있다.[17)] 뒤에 보는 바와

16) 이에 대하여는 미국의 예를 들어 사건을 담당하는 법관이 조정을 담당하는 것은 바람직하지 않다는 의견이 있고, 우리 법원도 이를 받아들여 비법관조정을 강화하고 있다(역자 주).

같이 필자는 개별대화를 기본형으로 하고 있고, 사법제도에 대한 불신감을 근저에 가지고 있는 미국의 이웃조정(neighborhood mediation) 혹은 지역조정(community mediation)을 지지하는 점에서는 小林久子씨와는 다른 견해를 가지고 있으나, 당사자에 내재하는 해결능력을 신뢰한다는 점에서는 완전히 같은 생각이다.

자주적 해결능력에 대하여는, 서로 대화가 되지 않으니까 소송에 이르렀으므로 자주적 해결능력이 없다거나, 당사자가 대화를 원한다면 소송을 택하지 않고 조정을 선택하였을 것이라는 비판이 있다. 물론 그러한 비판이 타당한 사건이 있으나, 증거조사를 하여 심증이 형성되고 이를 참작하지 않으면 도저히 화해가 될 수 없는 사건도 있지만, 오히려 그런 종류의 사건이 예외적이고, 당사자가 대화를 나누면 화해할 수 있는 사건이 더 많으며 그러한 사건이 일반적이라고 생각한다.

이와 관련하여, 당사자 쌍방이 같은 방향을 향하여 서로 의사소통을 하며 논쟁을 전개하고 대화를 하다 보면, 소송사건의 대부분은 화해나 소 취하로 낙착된다고 주장하는 분[18]도 있는데, 이에 대하여는 전적으로 동의한다. 실제로 실무에 접해보면 그런 경우를 자주 경험한다.

당사자 자신에 내재하는 자연의 회복력(자주해결능력)을 이끌어 냄으로써 화해가 성립된다는 것은, 증거조사가 끝난 후에도 마찬가지다. 그러므로 증거조사가 끝난 후에도 대화를 통한 당사자의 교섭이 기본형이고, 그것이 벽에 부딪히는 경우에는 증거조사결과 얻은 심증에 따라 국면을 타개하는 것이 응용형이다.

---

17) 레빙 小林久子, 조정자 핸드북, 13면, 신산사, 1998년.
18) 井上治典, 手續保障의 제3의 波, 법학교실 28호 419면, 1983년.

(4) 당사자와의 대화방식

가. 개별대화방식과 동석대화방식

화해절차에서 법관이 당사자와 대화를 하는 방법에는, 당사자 한 쪽씩 차례로 듣고 설득하는 개별대화방식과 당사자 모두를 같이 앉게 하여 동시에 대화하는 동석대화방식이 있다.

원래 이 문제는 당사자에 대한 '설득방식'이라는 용어가 사용되어 왔으나, 당사자의 주체성을 중시하는 사고에 따르면, 설득이라는 말은 당사자를 수동적인 입장에 서게 하는 뉘앙스가 있고, 관점이 너무 법관 중심이라 생각되어 이 책에서는 '대화방식'이라는 말을 사용한다.

법원에서는 종전에 대부분 개별대화방식을 이용하였고, 예외적으로 동석대화방식을 채용하고 있었다.

지금까지의 개별대화방식에 대한 비판은 주로 학자들로부터 제기되었다. 독일에서는 개별대화방식은 법관의 언동에 대한 공정함을 의심케 하고, 불투명한 흥정을 용인하게 하며, 일종의 음침한 화해권고방식으로 여겨, 절대로 그런 방법을 사용하지 않는다고 말하는 사람도 있다.[19] 이 부분을 정확하게 인용하면 아래와 같다.

> 법관이 패소의 위험성이 그리 크지 않는 당사자에 대하여, 마치 패소의 위험성이 상당히 높은 것처럼 거짓 협박하여, 그 결과 당사자의 판단을 잘못 유도함으로써, 부당한 화해 제안에 굴복시킬 우려가 있는 음침한 권고방식으로 볼 수 있고, 현재 독일에서 이러한 형

19) 木川統一郎, 서독에서의 집중증거조사와 그 준비, 판례타임즈 489호 21면.

태는 전혀 없다. 이러한 견해는 현재 독일 법관과 변호사의 통설이 고 다른 견해도 없다.

최근에는 일본 법관 중에 동석대화방식을 실천하여 성공한 사례가 소개되어, 상당한 반향이 일고 있다.

西口元 판사는 자신이 운영한 재판을 N 코트(natural court)라 이름 짓고, N 코트에서는 공정(fairness)의 유지라는 관점에서 동석화해를 원칙으로 하고 있다는 것이다. 동석화해는 직접 상대방과 만나 진의를 듣고자 하는 당사자 본인의 희망에 부합하는 것이고, 법관으로서도 쌍방에게 동시에 법관의 견해 등을 전달할 수 있어서 사무의 합리화에 도움이 된다고 주장한다. 그리고 재판은 본심에서 우러나오는 말로 승부를 갈라야지, 상대방에게 말할 수 없는 것을 법관에게 몰래 이야기해서는 안 되므로, 이용자에게 신뢰받는 적정한 재판을 하고자 하는 사명감을 가진 법관으로서 동석화해가 원칙이라는 선만큼은 지키고 싶다는 결의를 보이고 있다.[20)]

가사조정에서 동석조정을 실시함으로써 부부의 대화와 인간관계의 회복, 마음에 있는 말을 함으로써 분쟁의 객관적인 전체상과 쟁점이 모두에게 명확하게 되고, 그에 따라 당사자가 쉽게 유연한 결단을 하게 되며, 변호사가 적절한 지도와 조언을 할 수 있고, 분쟁의 객관적인 전체상과 쟁점이 모두에게 명확하게 파악될 수 있으므로, 설득력 있는

20) 西口元 외 2명, 팀워크에 의한 汎用的 소송운영을 지향하여, 판례타임즈 849호 18면, 1999년. 西口元, 쟁점정리의 원점에 돌아와서, 판례타임즈 915호 64면, 1996년.

조정안이 나올 수 있다는 주장도 있다.[21]

위에서 본 판사들의 주장과 실천 결과는 오랫동안 개별대화방식에 푹 젖어 있던 실무가들에게 상당한 충격을 주었다고 해도 과언이 아니다.

그러나 실무가들의 일반적인 견해는 좀 다르다. 먼저 木川변호사의 비판에 관하여는, 그러한 일이 없다고 장담할 수는 없고, 일어나서는 안 되지만, 그렇다고 하여 개별대화방식이 동석대화방식에 비하여 못하다고는 할 수 없다. 개별대화방식에는 우수한 면이 있다. 실무에서 채용된 방식에는 반드시 장점이 있기 마련이다.

개별대화방식에서 당사자는 상대방이 없기 때문에, 솔직하게 사건의 내용, 자신의 기분, 불만, 희망 등을 법관에게 말할 수 있다. 법관으로서도 당사자의 입장과 기분이 되어 사건의 해결방법을 생각할 수 있다. 그리고 난 뒤 상대방의 말을 잘 듣고, 똑 같이 이번에는 상대방의 입장이 되어 해결방법을 생각할 수 있다. 이러한 방식으로 당사자 사이를 왕복하다 보면 좋은 해결책이 떠오르고, 양쪽이 납득할 수 있는 화해안이 생길 수 있다.

西口 판사나, 井垣 판사의 견해에 관하여 말한다면, 실제로 사건은 다종다양하기 때문에, 개별대화방식이나 동석대화방식 둘 다 타당한 경우가 있고, 타당하지 않는 때도 있으므로, 문제는 어느 쪽 방식을 기본형으로 하는 가이다. 제도를 이용하는 당사자의 희망과 화해운영을 하는 법관의 화해에 대한 가치관에 따라 다를 것이다.

당사자의 입장에서 볼 때, 당사자가 개별적으로 법관에게 몰래 말하

21) 井垣康弘, 가사조정의 개혁, 판례타임즈 892호 8면, 1995년.

는 것이 부당하다고 생각한다면, 그 의사에 반하여 법관이 개별대화방식을 선택할 수는 없으므로, 동석대화방식으로 할 수밖에 없을 것이다. 그러나 현실적으로 개별대화방식을 일반적으로 시행하는 것은, 개별대화방식을 원하거나 적어도 동석대화방식에 거부감을 느끼는 당사자들이 더 많기 때문이라고 생각한다. 개별대화방식을 원하는 당사자의 진의에는 비합리적인 면이 있는 것도 사실이고, 西口 판사가 주장하는 바와 같이 정정당당하지 않는 면도 있지만, 상대방이 있는 자리에서는 충분히 자기의 마음을 말할 수 없는 사람의 기분을 받아들이는 것도 법관이 해야 할 일이다. 그리고 그러한 사람이 많은 것이 현실이다. 그래서 개별대화방식이 기본형이 된 것이다.

개별대화방식은 개별적으로 법관의 의견을 전달해야 하므로 더 수고스럽고, 사무를 합리적으로 수행한다고는 할 수 없으며, 법관이 쌍방에게 패소의 위험성을 슬쩍 드러내면서 양보를 강요하는 불공정한 방법을 취할 위험성이 있다는 지적도 있다. 그러나 손이 더 가고 시간이 더 든다 하여도 바람직한 화해를 지향하려는 의지가 더 중요하고, 불공정하다고 생각되는 행위를 하지 않는 것이 법관의 기본자세이므로, 법관이 스스로 조심함으로써 해결될 수 있을 것이다.

다만 제도를 이용하는 당사자의 의사를 우선해야 하기 때문에, 당사자 모두가 일치하여 동석대화방식을 희망할 때에는 당연히 동석하여 진행해야 하고, 경우에 따라서는 일방 당사자의 사정을 청취하는 중간에 상대방을 방청시키는(다만 발언은 할 수 없음) 준동석대화방식도 검토할 필요가 있다.

※ 그 후에도 이러한 방식의 차이와 관련하여, 소송상 화해뿐만 아니라 조정을 비롯한 그 밖의 ADR절차에서도, 동석대화방식과 개별대화방식의 대립이 문제되어 논의된 경우가 많이 있었다. 동석대화방식을 지지하는 사람 중에는 강한 신념을 가지고, 예외를 인정하지 않고, 일방적으로 모든 사건을 동석으로 해야 한다는 주장도 있지만, 화해절차를 실시하는 사람의 책무는 최종적으로 당사자에게 바람직한 결과를 가져오는 합의를 이끌어내는 것이므로, 경직적인 사고에는 찬성할 수 없다. 절차라는 것은 어디까지나 이용자를 위하여 마련된 것이므로, 구체적 절차에서 기본형으로 어느 쪽을 채택할 것인가, 또한 처음의 방식이 제대로 작동하지 않는 경우에는 응용형으로 그 반대방식으로 변용하는 것이 좋을 것인가 여부를 임기응변으로 대응할 필요가 있다.

법관 퇴직 후에 변호사회의 ADR 절차를 진행하면서 알게 된 사실이지만, 그러한 절차에서는 소송상 화해와는 달리 재판개시 후의 구술변론에 해당하는 절차가 없으므로, 조정신청에 이르게 된 사정이나 쟁점을 이해하기 위해서는, 먼저 당사자들을 동석시켜 시작할 필요가 있다. 조정이 되지 않는 국면에 이르면 개별적으로 분리하여 사정을 들을 필요가 있으나, 처음부터 순조롭게 대화가 진행되어 동석인 채로 마지막까지 진행되는 경우도 있었다.

법관 퇴직 후에 인도네시아 법규정비 지원업무에 관여하면서 관계자로부터 들은 흥미로운 이야기가 있어서 소개한다.

인도네시아 법관이 일본에 연수를 와서, 일본 법원의 화해나 조정을 보고, 개별(別席)로 진행되는 것을 보고 매우 놀랐다. 그리고 일본의 법관이 이러한 방식으로 진행하는 것은 일본국민들이 법원이나 법관에 대하여 높은 신뢰를 가지고 있다는 증거이고, 만약 인도네시아 법관들이 그렇게 한다면 국민들은 법관이 개별적으로 만나서 뇌물을 요구하려는 생각을 가지고 있다고 생각한다며, 자신들은 국민으로부터 신뢰를 받지 못하기 때문에 그러한 방식은 인도네시아에 도입할 수 없다고 말했다. 이 말을 듣고 필자는 개별(별석)방식은 당사자의 신뢰를 기초로 해야만 시행할 수 있고, 그렇기 때문에 법관이 신뢰를 배신하지 않을 것이라는 국민의 신뢰를 지켜나가야 한다는 생각이 들었다.

나. 대리인과 본인의 동석이 원칙

화해를 시도하는 방법으로서는 대리인과 본인이 같이 앉아 대화하는 것이 원칙이다. 그러나 그 밖에도 여러 가지 대화방식이 있는데, 원고대리인과 피고대리인을 모두 불러 같이 앉아 화해에 관한 논의를 한 후 화해안을 만들어, 그 화해안에 대하여 대리인이 본인을 설득하고, 설득이 되지 않은 당사자만 법관이 다시 설득하는 방법이 있다. 다만 이러한 방식은 쌍방 대리인과 법관이 사건에 관한 같은 예측을 하는 경우에만 가능하다.

아주 예외적인 방법으로 대리인을 제쳐두고 법관이 본인과 직접 교섭하는 방법이 있다. 그러나 이러한 방법은 대리인과 본인의 신뢰관계가 손상될 위험이 있으므로, 달리 방법이 없는 경우에, 그리고 대리인이 진심으로 동의할 때만 사용해야 한다.

필자의 경험을 예로 들면, 어느 회사에서 300일간의 쟁의행위가 계속되고, 모든 방법을 다 써본 후에, 쌍방 대리인의 동의를 얻어, 판사와 회사사장, 조합위원장 3사람이 회의를 여러 차례 계속하여 화해가 된 경우가 있다. 그 결과 노사관계가 정상화되었다.

그러나 위와 같은 방법은 어디까지나 예외이고, 이러한 방법을 쓰더라도 극한상황에서 그리고 신뢰관계가 손상되지 않고 잘 될 수 있을 것이라는 판단을 한 경우에 사용한 것으로서 일반적으로 사용하는 방식은 아니다.

그런데 대리인과 본인이 동석한 경우에, 법관은 주로 어느 쪽을 향하여 대화해야 하는가. 본인에게 민사소송의 효력이 미친다는 점을 생각한다면, 본인을 중심으로 대화해야 할 것이고, 본인은 소송수행이 어렵기 때문에 전문가인 변호사를 소송대리인으로 선임하였다고 생각한다면, 변호사를 중심으로 대화해야 한다는 결론에 이르게 된다.

본인과 대리인 사이에도 모두 개성이 있고, 성격이 같지 않으므로, 이 문제를 추상적으로 말해서는 의미가 없으나, 우선은 법원에 대하여 적극적으로 대화하려는 사람을 대화상대로 삼아야 한다. 본인과 대리인이 그 점에 별 차이가 없을 때에는, 대리인보다는 본인과 대화하는 것이 효율적이다.

물론 변호사는 소송의 전문가이고, 재판은 매우 어렵고 일반인으로서는 이를 수행할 수 없는 면이 있으므로, 법정에서 변론을 할 때에는 대리인 중심으로 할 수밖에 없다. 그러나 소송을 제기하고 이를 계속하는 에너지는 모두 본인으로부터 나오는 것이고, 당사자에게는 원래 분쟁을 해결하는 자연적인 힘이 내재해 있다고 생각한다면, 본인을 향하여 본인이 이해할 수 있는 언어를 사용하여 대화하는 쪽이 바람직하다.

그렇지만 변호사 중에는 법관이 변호사를 제쳐놓고 본인에게 말하는 방식을 불쾌하게 생각하는 사람도 있다. 이러한 경우에는 "직접 본인에게 물어봐도 되겠습니까"라고 미리 양해를 구한 후에 말하는 것도 한 방법이다.

요컨대, 이론적으로 어느 쪽이 옳은가, 어느 쪽이 더 효과적인가 하는 논의보다도, 어떻게 하면 의사소통을 보다 잘 할 수 있는가를 생각하는 것이 훨씬 더 중요하므로, 경우에 따라 임기응변으로 대처할 필요가 있다.

(5) 사무관과 협동의 중요성

요즘의 소송운영에서는 '협동주의'라는 말이 있다. 대외적으로는 변호사와의 협동, 대내적으로는 사무관과의 협동을 꾀해야 한다는 말이다. 이것은 당연히 화해운영에도 타당한 말이다. 다만 변호사와의 협동은 누구나 알고 있지만, 화해운영에서 사무관과의 협조는 지금까지는 그다지 의식하지 않았다. 이는 종래부터 화해절차는 변론절차와 달리, 임의적 절차로서 사무관이 입회할 필요가 없다고 해석하였기 때문이다. 일반적으로 법관들은 화해는 사무관이 입회하지 않아도 좋고, 특히 화해에 많은 시간이 걸릴 때 사무관의 시간을 빼앗지 않아도 좋다는 점이 바로 화해의 이점이라고 생각하고 있다.

그러나 이와 같이 하면, 화해절차에 들어가기 전까지는 사건에 관심이 많던 사무관이, 화해절차에 들어가면서부터 그다지 관심을 보이지 않게 된다. 화해절차에도 사무관에게 입회를 요청하면, 그 사건에 대한 사무관의 의식이 높아지고, 적극적으로 화해안을 작성해주거나 적절한 조언을 해 주는 경우가 많다. 사무관이 화해절차에 입회함으로써 그 시간은 조서작성이나 전화 응대 등을 할 수 없는 손실이 있으므로,

어느 정도 입회할 것인가는 사건이나 시간에 따른 검토가 필요하지만, 입회를 함으로써 화해절차에서 사무관과 사이에 바람직한 협동관계가 생기는 것은 분명하다.

법관은 사무관과 협동관계를 유지하며 실무에 종사하고 있지만, 법관과 사무관의 관계는 서로 가마꾼과 같은 관계가 있다. 법관과 사무관과의 관계에 대하여, 부부관계니 동료관계니 하는 여러 가지 비유의 말이 있으나, 그러한 의견보다는 가마꾼의 비유가 더 적절하다. 가마꾼은 본래는 앞뒤에서 가마를 매는 2사람의 관계를 말한다. 가마는 한 사람이 맬 수는 없고, 두 사람이 서로 호흡을 맞추어 매어야 한다. 법관과 사무관이 호흡을 맞추어 사건이라 부르는 고객을 태운 가마를 매고, 적정신속하게 분쟁해결이라는 목적지를 향하여 가는 것이다. 지금까지는 법관만이 앞에서 매고, 사무관이 조용히 뒤에서 매고 따라온다고 생각하였으나, 이제부터의 화해운영은 사무관이 어느 정도 앞에서 매고 주도할 것인가가 중요한 문제가 될 것이다. 사무관들에 의한 화해조정의 연구가 진행되고 있어서 그 발전이 기대된다.[22)]

---

22) 최옥환, 시군법원에서의 소액사건처리절차 개선방안 - 민사조정을 중심으로 -, 코트넷 지식정보 등 문헌 참조(역자 주).

4. 설득기술

(1) 설득술 · 교섭술과 화해기술의 관련성

① 당사자와 대화를 계속 하다보면, 당사자에게 내재하는 자연의 회복력에 힘입어 합의에 도달할 수 있지만, 실제로 화해를 할 때는 어려운 일이 많은 것도 사실이다. 그러므로 그 자연의 회복력을 끌어내는 화해기술을 향상하기 위한 노력을 해야 한다. 이러한 화해기술 중에서 가장 중요한 것이 설득기술이다.

설득기술은 화해를 할 때에만 필요한 것은 아니다. 교육 · 사업 · 종교 · 가정 등 여러 상황에서, 사람은 매일 누군가를 설득하고 있다. 이러한 설득기술의 본질은 '사람을 움직이는' 것이다. 화해도 기본적으로는 이와 다르지 않으므로 '사람을 움직이는' 기본기술을 터득해야 한다.

② 설득술의 고전이라고까지 말하는 D. 카네기(Dale Carnegie)의 'How to win friends & influence people'에서 말하는 설득기술을 예로 든다.

- 사람을 움직이는 3원칙 -

① 어떠한 행동에도 이유가 있다.

② 상대방이 중요한 사람이라고 믿게 한다.

③ 상대의 입장에 서서 생각한다.

- 사람을 설득하는 12원칙 -

① 논쟁을 피한다(Yon can't win an argument).

② 상대의 잘못을 지적하지 않는다.
(A sure way of making enemies)

③ 잘못을 인정한다(If you are wrong, admit it).

④ 우호적으로 시작한다(A drop of honey).

⑤ '예'라는 답변을 들을 수 있는 문제를 고른다.
(The secret of Socrates)

⑥ 마음껏 말하게 한다(The safety valve in handling complaints).

⑦ 상대가 자기 스스로 생각한 것이라고 느끼게 하라.
(How to get cooperation)

⑧ 상대의 입장에서 사물을 보고 진심으로 공감하라.
(A formula that will work wonders for you)

⑨ 상대의 생각과 욕구에 진심으로 공감하라.
(What everybody wants)

⑩ 상대의 고상한 동기에 호소하라.
(An appeal that everybody likes)

⑪ 당신의 생각을 극적으로 표현하라.
(The movies do it. TV does it. Why don't you do it)
⑫ 도전의식을 불러일으켜라(When nothing else works, try this).

③ 분쟁상태에 있는 당사자가 해결을 목표로 대화하는 것을 '교섭'이라 부른다. 이러한 교섭에 관한 기술, 즉 교섭술에 관하여 근래 관심이 높아지고 있다. 'Roger Fisher & William Ury 저, Getting to YES, 1981'[23]라는 책이 원칙화된 교섭을 주장하여 교섭술에 새로운 국면을 열었다.

위 책의 목차를 열거하면 다음과 같다.

① 입장을 근거로 거래하지 말라(Don't bargain over positions).
② 사람과 문제를 분리시켜라.
(Separate the people from the problem)
사람에게는 부드럽게, 문제는 강경하게 대하라.
③ 입장이 아닌 이해관계에 초점을 맞추라
(Focus on interests, not positions).
④ 상호 이익이 되는 여러 옵션을 개발하라.
(Invent options for mutual gain)
많은 옵션을 개발하고 결정은 나중에 하라.
⑤ 객관적인 기준을 강조하라(Insist on using objective criteria).

23) 이 책은 대법원 도서관에 비치되어 있음(The 2nd edition, Penguin Books, 1991). 번역서로는 박영환 옮김, YES를 이끌어내는 협상법, 개정판 12쇄, 도서출판, 장락, 2010. 참조.

마음을 열고 이성적이 되라. 압력이 아닌 원칙에 양보하라.

⑥ 상대방이 더 우세한 경우에는 어떻게 할 것인가 - 협상이 되지 않을 경우에 얻을 수 있는 최상의 대안을 생각하고 협상에 나가라(What if they are more powerful).

⑦ 상대방이 응하지 않으면 어떻게 할 것인가
(What if they won't play).
유도(柔道)를 할 때의 기술을 사용하라.

⑧ 상대방이 술수를 쓴다면 어떻게 할 것인가
(What if they use dirty tricks).
㉮ 속임수 전략을 파악한다.
㉯ 협상의 문제점을 뚜렷이 부각시킨다.
㉰ 속임수 전략이 정당한 방법인지에 관하여 상대방과 협상한다.

이 책은 카네기의 설득술에 비하면 훨씬 더 기술적인 면이 강하다. 교섭술에 관한 책은 그 외에도 많이 있으므로,[24] 이러한 교섭술 발전의 성과도 참고로 할 필요가 있다. 특히 실제 교섭에 종사했던 경험과 어려운 사건을 해결한 자신감을 근거로 하여 쓴 책일수록 귀중한 가치

---

24) 설득심리학의 연구성과도 교섭술의 매우 귀중한 자료가 된다. 미국의 사회심리학자인 Robert B. Cialdini은 'Influence(The Psychology of persuasion, Collins Business, 2007)'에서 사람의 마음(설득)에 영향을 미치는 요소를 크게 6가지로 분류하고 있다.
① 상호성의 법칙, ② 일관성의 법칙 - 한번 선택한 것은 버리기 힘들다(작은 약속부터 시작하여 큰 승낙을 얻어냄). ③ 사회적 증거의 법칙 - 다른 사람들의 행동, ④ 호감의 법칙, ⑤ 권위의 법칙 , ⑥ 희귀성의 법칙 - 상실의 두려움 (역자 주)

가 있다.

사람을 움직이는 것은 설득기술의 진수이고, 화해는 분쟁의 해결을 목적으로 하는 것이므로, 분쟁상태에 있는 당사자 쌍방을 움직이는 것에 특징이 있다. 따라서 분쟁상태에 있지 않는 사람을 움직이는 것보다 훨씬 어려운 일이다. 그래서 분쟁상태에 있는 사람의 심리를 연구할 필요가 있다.

이러한 교섭술은 주로 당사자 자신이 하는 자주적인 교섭술을 기본으로 하고 있다. 화해절차는 판결절차에서 판결을 하는 법관이 권위를 가지고 중개하는 형태의 교섭이므로, 교섭 중에서도 특수한 것이다. 그 기술도 법관의 입장에서 보는 것과 당사자의 입장에서 보는 것이 다르지 않나 생각한다.

그러나 언뜻 보면 특수한 것으로 보이는 것도, 기본적으로는 자주교섭의 원리가 작용한다는 점, '사람을 움직이는' 설득술이 기본이 되어 있다는 점과 그 근저에는 **인격의 존중과 당사자에 대한 신뢰**가 있다는 사실을 잊어서는 안 된다.

(2) 화해교섭의 기본원리

교섭의 기본원리를 협력형 교섭과 적대형 교섭으로 나누어 살펴본다.

협력형 교섭이라 함은 쌍방이 교섭하는 목적에 관하여 잘 알고 있고, 협력적인 관계에 있는 교섭을 말한다. 전형적인 것으로는, 분쟁관계에 있지 않은 당사자에 의한 계약체결교섭이나 여행을 앞둔 친구 사이에서 일정이나 목적지, 비용부담에 관한 교섭을 들 수 있다. 협력형의 경우는 모두에게 이익(win-win)이 되는 관계에 있다고 할 수 있고, 승패의 합이 0인(zero-sum)게임이 아니다. 당사자 쌍방의 협력에 의하여 다른 문제점이나 제3자를 끌어들여, 일괄 해결함으로써 당사자 쌍방이 만족하는 해결안(흔히 파이를 크게 한다고도 한다)이 가능하다. 설득의 포인트는 승소 가능성보다 이득의 증가와 구체적인 타당성이고, 합의가 성립한 경우에 당사자의 만족도가 크다.

적대형 교섭이라 함은, 당사자 쌍방이 상대방에 대하여 불신감을 가지고 있거나, 분쟁상태에 있는 당사자 사이의 화해나 조정을 들 수 있다. 적대형의 경우는 상대의 것을 빼앗는(win-lose) 관계에 있다거나, 승패의 합이 0인(zero-sum)게임이라고도 부른다. 당사자 쌍방에게 협력관계가 없으므로, 문제점이나 관계자의 범위를 좁혀 한정적인 해결을 할 수밖에 없다. 설득의 포인트는 승소 가능성이나 약점을 찌르는 것이다. 파이가 같거나 적게 되기 때문에, 더하여 둘로 나누는 방식의 해결이나, 둘 다 비난의 대상이라는 양비론(兩非論)적인 해결이 되는 경우가 많고, 당사자의 만족도가 작다.

화해교섭은 분쟁관계에 있는 당사자 사이의 화해절차에서 시도되므로, 적대적 교섭의 전형적인 것이다. 보통은 재판 전에 합의가 되지 않아 재판까지 오게 되었으므로 적대형 교섭으로 시작된다. 이 경우에도 기회를 보아 협력형 교섭으로 유도하고, 협력형으로 변환이 성공한 경우는 파이를 크게 하여 쌍방의 만족도가 높은 협력형 교섭을 시행하도록 한다. 협력형으로 전환이 어려운 경우에는 적대형 교섭으로 화해교섭을 할 수밖에 없다. 이러한 경우는 문제점을 압축하여 끈질기게 교섭함으로써 타협적인 상황으로 가지고 갈 수 있고, 무엇보다 유불리를 떠나 명분과 양식이 있는 합의 성립을 목표로 해야 한다.

(3) 설득기술의 기본형

앞에서도 설명한 바와 같이, 화해기술은 모든 것의 기본이 되는 형(기본형)과 응용형의 2가지로 나눌 수 있다. 그리고 어떠한 사건에서도 기본형부터 시작해야 한다. 기본형을 시도한 후에 제대로 되지 않을 때 비로소 응용형을 적용한다.

설득기술에서 기본형의 근본은 **인격의 존중과 당사자에 대한 신뢰**이다. 기본형에는 특효약과 같은 효과는 없지만, 적용범위가 넓고 부작용이 없다. 이에 대하여 응용형은 적용범위가 좁고 한정된 사건에는 특효약 같은 효과를 발휘하지만, 역효과로서 부작용이 있을 수 있다. 당사자의 인격을 부정하고 처음부터 의심해서는 제대로 된 화해가 성사되기 어렵다.

가. 당사자의 주장을 경청한다

기본형의 첫째는, 당사자의 주장을 잘 듣는 것이다. 이것은 가장 중요한 원칙이다. 이 점은 누구나 알고 있지만, 머리로 알고 있는 것과 온몸으로 알고 있는 것은 많이 다르다.

스스로는 다른 사람의 말을 잘 듣는다고 생각하고 있더라도, 실제로는 충분히 듣지 않는 경우가 많으므로, 이를 솔직하게 반성할 필요가 있다. 그러므로 이것이 무엇보다 중요한 기술이라는 사실을 마음속으로 되뇌며, 몸 전체로 당사자의 주장을 들어야 한다.

사건은 구체적인 개성을 갖는 개인과 개인 사이에 생기는 것이 보통이다. 사건에는 각각의 얼굴이 있다. 그러므로 법률적, 즉 요건사실로 본다면 완전히 같은 사건이라도, 당사자가 다르면 사건의 내용이 달라지고, 해결방법도 다르다. 그러므로 당사자의 말을 충분히 듣지 않으면 그 사건에서 어떠한 해결방법이 좋은가를 알 수 없다.

요건사실만을 듣고 그 밖에는 듣지 않아서는 안 된다. ① 사건의 배후에 무엇이 있나, ② 왜 소송을 제기하게 되었는가, ③ 당사자 본인들은 어떻게 해결하면 좋다고 생각하는가, ④ 상대방에 대하여 어떠한 감정을 가지고 있는가, ⑤ 그 밖에 사건의 경과를 비롯한 여러 가지 사정을 잘 들어야 한다. 당사자의 주장을 잘 들어보면, 당사자가 무엇을 바라고 있는지를 알 수 있으므로, 당사자의 요구를 최대한 충족시킬 수 있는 화해안을 만들기 쉽다.

"Getting to YES"의 내용 중에는 1개의 오렌지를 두고 다툰 두 아이의 이야기가 나온다. 자매가 1개의 오렌지를 두고 다투다가 오렌지를 반으로 나누었는데, 언니는 과육을 먹고 껍질을 버리고, 동생은 껍질을 케이크 만드는데 쓰고 과육을 버린다는 이야기이다.

위 책의 내용을 그대로 인용한다(56-57면).

> 이러한 우화가 있다. 1개의 오렌지를 둘러싸고 자매가 싸웠다. 오렌지를 반씩 나누기로 하여 겨우 해결되었는데, 언니는 그 반쪽의 과육만을 먹고 껍질을 버렸다. 그런데 동생은 나머지 반쪽의 과육을

버리고 케이크를 만드는데 껍질을 사용하였다. 교섭은 이와 같은 결과로 끝나는 것이 상당히 많다. 즉 성립할 수 있었던 교섭이 성립되지 못하거나, 혹은 양쪽 당사자에게 더 유리한 계약이 성립할 수 있었는데도 그것이 허사가 되고 마는 것이다. 많은 교섭은 우화의 자매와 같이 오렌지 반쪽씩을 나누는 것으로 끝나고, 한쪽 당사자에게는 과육 전부를, 다른 쪽에는 껍질을 전부 주는 쪽으로 되지 못한다. 왜 이러한 결과가 나는 것일까.

이 이야기는 매우 교훈적이고 재미있지만, 위 책에는 일반적인 교섭이 당사자를 만족시키지 못하는 결과로 끝나는 것에 중점을 두고 있다.

그러나, 이 이야기는 만족한 결과를 낳는 교섭을 하기 위해서는 어떠한 정보가 필요한가, 이를 위해서는 어떻게 하면 그 정보를 입수할 수 있는가 하는 점에 역점을 두고 음미하는 것이 좋을 것이다.

그렇게 생각한다면, 화해교섭은 법관이 제3자로서 교섭을 중개하는 것이므로, 법관의 위치에서 본다면, 이 우화는 당사자의 말을 잘 듣고, 오렌지를 갖고 싶다는 요구뿐만 아니라, 무엇 때문에 오렌지를 원하는가 하는 이유도 들어야 한다는 취지로 음미해야 한다.

이 경우에, 제3자가 만일 자매에게 무엇 때문에 오렌지를 갖고 싶은가 하는 이유를 물었다면, 동생은 케이크를 만들기 위해서 껍질이 필요하다는 사실을, 언니는 과육을 먹고 싶어 한다는 사실을 알 수 있었을 것이다. 그렇게 되었다면 껍질은 동생에게, 과육은 언니에게 주는 화해안이 자연스럽게 도출될 것이고, 자매는 기쁘게 화해안을 받아들였을 것이다.

그런데 심리 결과 얻어진 법관의 심증에 따라 화해를 시도한다는 입장에 선다면, 언니 승소의 심증이라면 언니에게 많은 양을, 동생 승소의 심증이라면 동생에게 많은 양을, 심증이 반반이라면 반씩, 오렌지를 나누는 화해안이 나올 것이다. 그러나 당사자의 대화를 중시하여 심증에 구애되지 않고 화해를 시도해야 한다는 입장에서 본다면, 이 케이스는 심증에 관계없이 동생이 껍질을 모두, 언니가 과육을 모두 가진다는 화해안이 될 것이다.[25)]

덧붙여 말한다면 당사자의 말을 잘 들었다는 사실을 그에게 알려주는 것도 설득의 힘을 증가시킨다.[26)] 이를 위하여 당사자의 말을 듣고 이를 정리하여 당사자에게 확인할 필요가 있다. 물론 당사자의 말을 들으면서 그가 하는 말의 정확한 취지를 물어보는 것도 좋은 방법이다. 당사자의 말을 들으면서 법관이 해야 할 일은 그 말을 어떻게 응답할 것인지를 궁리하는 것이 아니라, 당사자를 이해하는 것이다. 당사자의 인식, 욕구, 그리고 한계를 수용해야 한다. 이해와 동의는 다르다.

※ 이 부분은 대학공동이용기관법인 인간문화연구기구 국립국어연구소와 문부과학성 과학연구비 특정영역연구언어 데이터베이스 KOTONOHA (현대일본어 문어 corpus)에 채록되어 있다.

---

25) 서로의 인식을 논의하라(Discuss each other's perceptions. Roger Fisher, 앞의 책, 26면).

26) Roger Fisher, 앞의 책, 34면, 181면.

나. 성의를 가지고 대한다

많은 사람이 살아가다보면, 필연적으로 충돌이 생기고 분쟁이 발생하는 것은 누구든 경험하는 일이지만, 소송까지 가는 것은 보통 사람들로서는 특별한 경우를 제외하고 일생에 한번 있을까 말까 하는 일이다. 그러한 사람들이 소송에 말려들었을 때의 마음고생은 원고든 피고든 양쪽이 다 크다.

법관은 법원에서 근무하고 있기 때문에, 법원 문을 들어서거나 법정에 들어가는 것에 아무런 거부반응이 없으므로, 당사자가 법원에 대하여 가지는 감정이나 불안을 생각하지 못한다. 또는 처음에는 그런 것에 신경을 쓰다가도 일상 업무에 밀려 살다보면, 일상적으로 사건을 처리하게 되고, 당사자의 심정에 그냥 무관심하게 된다.

당사자는 법관의 일거수일투족에도 민감하게 반응한다. 그리고 법원은 일반인들에게는 분위기가 무겁고 긴장되는 곳이므로, 법원에 오는 처지가 되었다는 사실만으로 모두 자신이 불행하다고 생각한다. 자기들의 분쟁을 제3자 앞에 공개한다는 것은 누구라도 원하지 않는 것이다. 그러므로 이러한 당사자의 감정을 이해하고 성의를 가지고 친절하게 대해야 한다.

성의를 가지고 대한다고 추상적으로는 말하지만, 구체적으로 현실에서 어떻게 하면 좋을까. 이는 상황에 따라 천차만별이므로, 한마디로는 말할 수 없다. 결국은 그러한 생각을 가지고 있어야 한다는 것으로 귀결되겠지만, 그런 생각을 가지고 있는지 여부에 따라, 당사자에 대한 설득력에 차이가 있다는 점은 의심할 여지가 없다.

성의를 가지고 대하는 마음을 가지기 위한 구체적인 방법은, 단지 추상적으로 성의를 가지고 대한다고 머리로 생각하는 것만이 아니라, 자기의 생각을 자신의 언어로 표현하여 스스로에게 들려주는 것이 보다 효과적이다. 필자는 당사자에 대하여 "현재 당신의 분쟁상태는 불행하고 좋지 않은 상태이다. 내가 이 분쟁에 관여하게 된 인연으로, 좋지 않은 이 상태를 조금이라도 바람직한 상태로 하기 위하여 노력하고 싶다"고 하는 생각을 가지고 대하려고 노력한다.

위대한 분들의 말씀 중에는 음미할 바가 많고, 짧은 말씀 중에 인생의 진리가 들어있다. 그 말씀을 머리에 두고 화해의 자리에 앉는 것도 효과가 있다. 예를 들면 "一期一會"라는 말이 있다.

일기일회란 생애에 단지 한번 만난다는 것이 문자 그대로의 뜻이지만, 그 속에는 보통 여러 번 만나는 사람이라도, 만나는 그 때마다 일생에 단 1번 만나는 기회로서, 그 만남을 항상 소중하게 여겨야 한다는 의미를 포함하고 있다.[27)]

누구든 몇 년이고 같은 업무를 하다보면, 매너리즘에 빠지기 쉽고,

---

27) 아프리카 수단 남부의 톤즈에서 의료활동과 선교활동을 하다 돌아가신 이태석 신부는 의사들에게 다음과 부탁을 하였다. "저는 환자가 제 진료실에 들어오면 한 1-2분 정도는 아무 말 하지 않고 환자의 눈을 보는 습관이 있습니다. 그 이유는 환자의 눈을 통해서 어느 정도의 질병에 관한 정보를 얻을 수 있기 때문이기도 하지만, 환자와 제가 어느 정도의 인간적인 교감을 통해서 서로간의 신뢰를 얻을 수 있기 때문입니다. 의사와 환자의 만남은 의사와 환자의 만남이기 이전에 한 인간과 한 인간이 만나는 진실된 순간이라고 생각합니다. 그 만남은 육체와 육체의 만남이기도 하지만 영혼과 영혼이 만나는 고귀한 순간이기도 합니다. 매일 병실에서 이루어지는 환자들과의 만남이 질병치료를 위한 단순한 만남이 아닌 인간의 영혼과 영혼이 만나는 고귀한 만남으로 승화시키는 의사분들이 되기를 기원합니다."(우광호, 나는 당신을 만나기 전부터 사랑했습니다. 여백, 2011, 211면, 역자 주).

10년을 하루와 같이 생각하기 쉬우므로, 자신을 격려하고, 신선한 생각을 지속해야 한다. 일기일회라는 말은 그러한 마음을 가지도록 격려하는 좋은 문구이다.

법관의 입장에서 본다면, 사건 당사자들은 그 사람이 그 사람인 것처럼 생각되는 것은 업무상 어쩌면 당연한 현상이지만, 당사자의 입장에서 본다면 법원에 온다는 것이 그로서는 일생에 한번 있을까 말까 하는 일이다. 언제나 만나는 직원이나 동료들에게도, 또한 처음이자 마지막의 만남이 되는 당사자를 위하여도, 일기일회라는 말은 음미할 바가 많다.

※ 제2부에서 설명하겠지만, 필자는 법관 퇴임 후 "화해는 미래를 창조한다"라는 문구를 만들어 지금은 이를 좌우명으로 삼고 마음에 담아 살고 있다.

다. 열의를 가지고 끈기 있게 노력한다.

법관이 한 마디 하면 바로 화해가 되는 사건이 없지는 않겠지만, 보통은 서로 대화가 통하지 않기 때문에 소송까지 왔을 터이므로 간단히 해결되는 경우는 적다. 원만하게 해결하는 것이 좋다고 아무리 설명해도, 당사자의 감정 대립은 하루아침에 해소되지 않으므로 큰 효과가 없다. 그러므로 당사자가 거부하더라도 쉽게 포기해서는 안 된다.

법관이 열의를 가지고 설득하면 반드시 효과가 있으므로, 만약 실패하더라도 끈질기게 노력하는 것이 중요하다.[28]

---

28) 멋진 말은 사람들을 감동시킬 순 있어도 영혼을 감동시키거나 변화시키기에는

가능성이 없어 보이는 사건도, 열의를 가지고 끈질기게 노력하면 효과가 있다는 사실은, 실제로 이를 실행해본 사람만이 경험적으로 알 수 있다. 경험이 없는 사람은 속은 셈 치고 한 번 해보기를 권하고 싶다.

과거에는 사건이 화해 가능한지 여부를 빨리 판단하고, 가능성이 없는 사건을 오랫동안 화해를 시도해서는 안 된다는 말을 선배 법관으로부터 들었다. 화해를 할 만큼 하다가 실패한 후, 판결도 선고하지 않고 다른 법관에게 사건을 넘겨서는 안 된다는 것이 이유이다.

물론 이와 같이 실패로 끝나는 경우도 있으나, 그것은 어쩔 수 없는 현상이다. 그러한 상황에 봉착하는 것도 법관에게는 귀중한 경험이 될 수 있으므로, 어쨌든 자신이 믿는 방향으로 실패를 두려워 말고 해 보라고 권하고 싶다. 안 되겠다고 생각하던 사건을 열심히 노력하여 화해를 성립시키면, 안 되는 사건이 아니었다는 것을 경험할 수 있고, 실패한 경우에는 결국은 화해할 수 없는 사건이나 운이 나쁜 사건을 체험할 수 있는 절호의 기회가 될 수 있다.

이와 같이 자신의 눈으로 자기가 생각한 결과를 보는 것이 법관으로서 귀중한 경험이 되고, 그 후 법관의 성장에 큰 밑거름이 된다. 그러므로 화해를 할 때는 누구에게나 철저히 마지막까지 해보아야 한다.

라. 당사자 사이의 상호불신을 해소하도록 노력한다.

재판은 원고와 피고 중에서 어느 한 쪽의 주장이 옳은가를 판단하는

턱없이 부족합니다. 영혼을 감동시키거나 변화시킬 수 있는 것은 오직 두 영혼의 진실한 만남을 통해서만이 가능합니다(우광호, 위 책 224면, 이태석 신부의 말씀, 역자 주).

것이라는 것이 일반인의 생각이다. 이를 바꾸어 말하면, 당사자 중 어느 쪽이 나쁘고, 잘못한 사람이 누구인가를 판단하는 것이 재판이라 할 수 있다. 필자도 역시 법관이 되기 전에는 그러한 생각을 가지고 있었다.

그러나, 실제로 법관이나 변호인이 되어 소송 당사자를 만나 그들의 주장을 잘 들어보면, 법원에 나와 법관에게 무언가를 호소하려는 사람은 나름대로 이유가 있다는 사실을 알게 된다. 요컨대 법정에서 법관에게 구구하게 이야기하는 사람 중에는 선한 사람이 많다는 것이다. 다만 이와 같이 선한 사람끼리의 분쟁은, 서로 자기 자신은 잘못이 없다고 끝까지 주장하는 것이므로, 서로 상대방에게 분쟁의 에너지를 공급하고, 상호 불신을 더욱 깊게 하는 어려운 측면이 있다.

일반적인 분쟁은, 교통사고와 같은 경우는 예외지만, 모르는 사람 사이에서 일어나는 경우는 없고, 아는 사람 중에서도, 서로 신뢰하지 않는 사람 사이에는 일어나지 않는다. 왜냐하면 믿지 않는 사람에게 돈을 빌려주거나, 보증인이 되는 행위는 하지 않기 때문이다. 또한 신뢰하는 사람 사이에 일어난 분쟁은 배신당했다는 감정 때문에 강한 불신감을 일으킨다.

법관으로서는 양쪽 당사자의 주장에 모두 일리가 있고, 나쁜 사람은 없다고 생각하지만, 당사자의 입장에서 본다면, 상대방은 매우 나쁜 사람이라는 불신감을 서로가 가지고 있다. 이러한 상호불신이 당사자에게 재판을 계속하게 하는 에너지를 공급하므로 상호불신을 해소하고 신뢰관계를 회복시키지 않으면 안 된다.

어떻게 하면 상호불신을 해소할 수 있는가 하는 것은, 매우 중요한 문제이지만, 법관이 "서로 믿으세요"라거나, "상대는 나쁜 사람이 아니에요"라고 추상적으로 말한다고 효과가 있을 리가 없고, 오히려 법관이 상대방을 편들고 있다는 오해를 불러일으킬 우려가 있다.

가장 효과적인 방법은, 당사자가 상대에게 불신감을 가지는 근거가 오해에서 비롯되었다는 사실을 스스로 자각하도록 만드는 것이다. 그렇게만 된다면 당사자의 상대방에 대한 불신감은 자연히 해소될 것이다.

당사자의 말을 유심히 듣고, 상대방에 대한 오해가 있다고 생각하면, 그것을 본인에게 구체적으로 설명함으로써 오해를 풀도록 하는 것도 한 방법이다. 그러한 설명이 제대로 받아들여지면, 그 사람은 "내가 오해하고 있었나. 그 사람은 그런 사람이 아니었나"라는 생각을 하게 되고, 그로써 상대에 대한 불신의 벽에 구멍이 뚫리면서 남아 있던 벽도 서서히 무너져 신뢰감이 회복될 수 있다.

이러한 경우는 극적인 것이지만, 그러한 계기가 없더라도, 법관이 열의를 가지고 끈기 있게 노력하면, 서서히 법관을 통하여 상호불신이 완화되고, 조금씩 신뢰관계가 회복될 수 있다.

불신관계가 매우 심각한 사건은, 신뢰관계의 회복에 시간이 걸리지만, 그렇게 시간이 많이 걸리는 사건일수록, 결과적으로 바람직한 화해가 이루어지는 경우가 많다. 가끔 '화해는 드라마다'고 말할 수 있을 정도로 감동적인 결과를 눈앞에 볼 수 있다. 이러한 결말에 이르게 되면, 그때까지의 고생이 눈 녹듯이 사라지는 것 같은 기쁨을 느낀다. 법관이 되길 잘 했다는 생각을 실감할 수 있고, 자기도 모르게 화해주의자가 되고 마는 것이다.

마. 당사자의 심리상태를 그 사람의 입장이 되어 생각한다

분쟁은 사람이 둘 이상 있지 않으면 발생하지 않는다. 무인도에서는 분쟁이 발생하지 않고, 한 사람만 있는 곳에서도 일어나지 않는다. 분쟁은 인간이 두 사람 이상 있기 때문에 발생하는 것이므로, 인간의 심리를 도외시하고는 해결할 수 없다.[29)]

그러므로 화해를 시도할 때, 법관은 당사자가 어떠한 생각을 가지고 있는가를 충분히 고려할 필요가 있다. 나라면 이러한 상황에서 어떻게 생각할 것인가, 어떤 점이 제일 먼저 머리에 떠오를 것인가, 어떤 해결방법이라면 받아들일 것인가 하는 것을 생각해야 한다. 그 사람의 입장이 되어 생각해 보면, 당사자 쌍방이 납득할 수 있는 좋은 해결책이 떠오를 것이다.

원고의 말을 들을 때는 원고의 입장에 서서 반응하고, 피고의 이야기를 들을 때는 피고의 입장에 서야 한다. 요컨대 당사자를 수용하는 마음이 필요하다. 이를 위해서는 개별적으로 당사자와 대화하지 않으면 당사자의 마음속까지 들어갈 수 없다. 개별대화방식이 필요한 것은 바로 이러한 이유 때문이다.

위와 같이 당사자를 모두 수용하는 방식을 취하면, 당사자가 모두 법관이 자기 쪽을 지지하여 준다고 생각하여, 둘 다 양보하지 않고 화해성립이 어렵게 되는 것은 아닌가 걱정할 수도 있다. 그러나 수용하는 것과 승소 가능성과는 전혀 별개의 문제이므로 그러한 걱정은 기우

---

29) 궁극적으로 분쟁은 객관적인 현실이 아니라, 사람들의 머리 속에 있다. 따라서 객관적 현실을 밝히는 것이 유용하다 하더라도 협상에서 문제가 되고 해결책을 마련할 길을 열어주는 것은 결국에는 양측이 인식하고 있는 현실(the reality as each side sees)이다(Roger Fisher, 앞의 책, 22면, 23면).

에 불과하다.

이러한 걱정은 당사자로 하여금 양보하도록 하려면, 패소의 위험성을 알리는 것이 효과적이라고 생각하는 데서 오는 것이다. 물론 패소의 위험성을 경고함으로써 효과적으로 양보를 얻어낼 수 있는 사람이 있다는 것을 부정할 수는 없다. 그러나 소송을 진행하고 있는 당사자들 중 그러한 사람은 뜻밖에도 적다는 것이 실무가들의 감각이다.

법관이나 대리인은 당사자 본인이 아니므로, 패소보다는 화해하여 조금이라도 금전을 얻어내는 쪽이 좋지 않을까 하는 이성적인 생각을 하기 쉽다. 그러나 좀 더 생각해보면, 자기 자신이 그 사람이라면 그렇게 할 것인가를 음미해 보아야 한다.

당사자로서는 재판까지 이르게 된 과정에서 생긴 복잡한 감정이 있다. 자기의 의견이 잘못된 것이라면 패소하더라도 괜찮고, 돈은 한 푼도 필요 없다고 하는 사람도 의외로 많다. 법원에 출석하여 자신의 주장을 법관에게 자세히 설명하려는 사람일수록 그런 생각을 가지고 있는 경우가 더 많다.

소송 당사자는 대개 다음과 같은 심리상태에 있다.

① 지나간 과거의 큰 고통보다도, 미래의 작은 고통을 더욱 참지 못한다. 그러므로 미래의 고통을 제거할 수 있는 화해안이라면, 과거에 대하여는 큰 폭의 양보를 할 수 있다. 화해가 성립할 때 관련 문제를 모두 해결할 수 있다면 대부분의 사건이 원만히 해결될 수 있다.

예를 들어, 단순한 금전청구의 사안에서, 1,000만원을 20만원씩 50회 분할하여 지급한다는 안에 대하여는, 그것이 완전히 이행될 것인가

하는 장래의 불안감이 증폭되기 때문에 양보가 어렵다. 이와 달리, 800만원으로 감액하더라도 화해가 성립하는 자리에서 즉시 지급하는 안은 위와 같은 불안감이 없으므로 화해가 쉽게 성립될 수 있다.

왜냐하면 화해가 성립할 때, 현금을 가지고 와서 이행을 완료한다는 것은, 원고의 입장에서 보면, 불이행의 불안이 없어지기 때문에 최대로 양보할 수 있다. 피고의 입장에서 보더라도, 변제하고도 받지 않았다는 말을 듣지나 않을까, 자신을 괴롭히기 위하여 강제집행을 하지나 않을까하는 등의 불안감이 있으므로, 화해가 성립될 때 전부 이행을 해 버리는 것은, 집행권원을 만들지 않고 끝날 수 있는 큰 이점이 있어서, 최대의 양보가 가능하게 된다.

위에서 본 것은, 감정대립이 더욱 심각한 인격에 관련된 소송에서도 똑 같이 타당하다. 그 말은, 아무리 격렬한 증오심이나 나쁜 감정이 있더라도, 사건을 과거의 문제로 만들 수 있다면, 원칙적으로 화해가 가능하다는 것이다. 역사를 살펴보더라도 아무리 오랫동안 계속된 전쟁도 결국은 종결되었다는 사실이 이것을 증명해 준다.

② 당사자는 자기만이 불행하다고 생각하고 있다. 그러므로 다른 사람도 모두 어려움을 겪고 있다는 사실을 알게 되면, 안심하고 냉정한 해결안을 생각해 낼 수 있다.

법관은 아무런 걱정도 없는 사람이라고 생각하는 당사자도 많이 있으므로, 포커페이스로 응대하는 것보다는 인간적인 면모를 보이면서 잡담을 해 보면 화해가 잘 진행되는 경우가 많다. 같은 종류의 어려움을 법관 자신도 겪은 경험이 있을 때에는, "저 자신도 같은 일로 어려움을 겪었고, 누구든 어려움을 겪는 것이지요"라고 말해주면 의외로 좋은 반응이 돌아 올 것이다.

③ 일반적으로 사람은 분쟁을 싫어하므로, 소송이 되기 이전에는 많이 참는다. 일을 더욱 복잡하게 만들어서는 안 된다고 생각하여 웬만한 일은 참고 견디지만, 더 이상 참을 수 없다는 생각에서 일단 사건이 되고 나면, 그 반발로 어떤 일이 있어도 양보하지 않는다. 즉 참을성이 많은 반면에, 일단 갈 때까지 가면 다시 거둬들이기 힘들다.

재판 전에는 상당한 양보를 하더라도, 소송으로 가는 것을 피하려는 생각이 있어서 양보하지만, 일단 소송이 시작되면 필요 이상으로 반발하게 되고, 절대로 양보하지 않겠다는 생각을 가지게 된다. 그럼에도 불구하고 여전히 분쟁을 싫어하기 때문에 속마음에는 적당한 시기에 해결을 희망하고 있다.

그러므로 당사자의 반발에 부딪히더라도, 당사자는 마음속으로는 빠른 해결을 원하고 있다고 믿고 끈기 있게 화해를 시도할 필요가 있다. 그렇게 하면 판사의 열의에 감동하였다고 말하며, 법원의 화해안을 기꺼이 받아들이는 경우도 있다. 따라서 화해를 시도하려면 이 단계까지는 가야 한다.

바. 진정한 분쟁원인을 찾아 해결하는 것을 목표로 한다

소송의 쟁점을 빨리 파악하는 것은 법관으로서 중요한 일이다. 그 쟁점은 요건사실만으로 파악할 것이 아니라 무엇이 분쟁의 진정한 쟁점인가를 알아내야 한다. 이를 위해서는 소장이나 답변서의 기재만 보지 말고, 왜 분쟁이 일어났는가, 왜 현재까지 계속되고 있는가를 검토해야 한다.

소장에 기재되어 있는 사건의 내용과 소송을 제기한 사람의 목적은 반드시 일치하지는 않는다. 오히려 다른 경우가 종종 있다. 재판은 공식적인 절차와 그에 맞는 내용이 필요하므로 그에 따르지 않으면 법원에서 받아주지 않기 때문이다.

진정으로 승소판결을 원하여 소를 제기한 경우는 소송의 형식적인 목적과 실제 목적이 같지만, 상대방을 법원에 끌어내기 위한 목적이나, 괴롭히기 위한 목적으로 제소한 경우와 같이 소송을 제기한 사람의 진정한 노림수가 소장이나 소송서류에 나타난 목적과 다른 경우에는, 그러한 목적을 고려해야 진정한 의미에서 사건을 해결할 수 있다.

당사자들로부터 자주 듣는 이야기는, “나도 이렇게까지 하고 싶지는 않았다”든가, “이렇게 된 것은 상대방의 잘못이고, 나는 어쩔 수 없이 이렇게 할 수밖에 없었다”고 하는 말이다. 바로 “이렇게 할 수밖에 없었다”는 생각이 어디에서 비롯된 것인가를 찾아야 한다.

이웃 사이에 오랫동안 평온하게 지내왔는데, 어느 날 갑자기 경계확정소송이 제기되는 경우에는, 무언가 다른 원인으로 이웃 간에 문제가 발생하였다고 생각하면 거의 틀림없다.

예를 들면, 이웃의 피아노 소리가 시끄럽다거나, 경계를 넘어온 나뭇가지를 잘라달라는 요구를 거절당했다거나, 경계 부근에 쓰레기를 버린다던가 하는 여러 가지 사실이 그 계기가 되어 있다.

그런데 그러한 문제가 발생하였을 때 그 대응방법을 놓고 누구든 반드시 생각하는 것은, 그것을 그대로 문제 삼는다면 상대방은 어떻게 나올까 하는 것이다. 상대방이 반박하더라도 이에 대항할 수 있는 논거가 있다면, 원고가 굳이 소송을 제기하지 않았을 수도 있다. 그러므로 그와 같은 대항논거가 없어서 재판을 제기할 때는 매우 형식적인 것을 표면에 내세우는 것이다.

형식논리겠지만, 이 정도면 상대방이 절대로 이의를 제기할 수 없을 것이라든가, 상대방이 아무리 여러 가지 이유를 대더라도 별 문제 없을 것이라고 생각되는 재료를 소송에서 선택하는 것이다. 오래 전부터 불만이 있었기 때문에 무언가 응어리 져 있다가, 그것을 불씨로 하여 새로운 분쟁을 일으키는 경우의 전형적인 방식이다.

한 가지 예를 들어보자.

> 이웃집의 피아노 소리가 시끄러워서 견디기 힘든 사람이 있다. 그 사람은 이웃집에 가서 "피아노를 치지 말아 주세요"라고 말하고 싶지만, 만약 그렇게 말했을 때, 이웃 사람이 "피아노를 치지 말라는 법이 있습니까?"라고 말한다면, 어떻게 대답할 수 있을까를 생각한다. 상대의 반응에 반박할 수 없다면 자신만 우습게 되고, 그렇다고 하여 그냥 참고 있자니 도저히 화가 나서 견딜 수 없다. 바로 그때 선대로부터 상대방이 점유하고 있는 토지 중에 자신의 토지가 들어가 있다는 말이 생각났다. 그때까지는 이제 와서 토지를 가지고 다투는 것이 별로 탐탁지 않게 생각되어 그냥 있었지만, 이제는 참을 수 없다, 경계점은 증거가 명백하므로 상대방이 반론할 근거가 없을 것이라고 생각하여 소송을 제기하게 되었다.

위와 같은 사례는 상당히 많이 있을 것으로 보이고, 오랫동안 별 문제없이 지내던 이웃 사이에 갑자기 소송이 제기되었다면, 이와 같이 당사자의 실제 목적이 따로 있다고 생각할 필요가 있다. 당사자의 주장을 잘 들어보면, 당사자의 진정한 목적을 알 수 있으므로, 앞에서 본 사건에서는, 예를 들어 '저녁 8시 이후에는 피아노를 치지 않는다.'는 조항을 넣는다면, 경계 문제도 원만하게 합의에 이를 수 있을 것이다.

보증인이 과거에 주채무자 대신에 돈을 변제하였는데도 지금까지 아무 말도 하지 않고 있다가, 시효로 소멸되기 직전에 갑자기 구상청구를 하거나, 친족 사이에 잊어버리고 있었던 것으로 생각되는 오래된 채무를 갑자기 청구하는 경우도 같다. 그러므로 피고가 원고에게 무언가 신의를 저버리는 행위를 하지 않았는가, 원고가 무엇 때문에 화가 났을까 하는 것을 먼저 살펴볼 필요가 있다.

앞서도 말했지만, 재판이 전혀 모르는 사람끼리 일어나는 것은, 교통사고로 차에 부딪혀서 원고와 피고가 된 사건과 같은 경우를 제외하면 극히 예외적이다. 보통은 그 사람을 믿기 때문에, 돈을 빌려주거나, 보증인이 되어 주거나, 종업원으로 회사에 고용하기 때문에, 신뢰관계가 있는 당사자 사이에서 소송이 일어나는 것이 원칙이다. 그러므로 그 사람의 마음속에 여러 가지 굴절된 감정이 있으므로, 그 심리상태를 항상 생각하면서, 무엇이 진정한 분쟁의 원인인가를 생각하지 않으면, 당사자가 납득하는 진정한 분쟁해결을 할 수 없다.

사. 구체적인 대화방법을 연구한다

당사자에 대한 대화방법을 연구하는 것도 대단히 중요하다. 당사자는 법관 앞에 나온다는 것 자체로 매우 긴장되어 있다. 법관의 한마디

한마디에 민감하게 반응하고, 많은 사람들로부터 여러 가지 조언을 듣고, 그 중에는 법관으로부터 어떠한 질문을 들으면 어떠한 말을 해야 한다는 식으로 준비해오는 사람도 있다. 그러므로 긴장을 풀어주어 부드러운 분위기를 만들어줄 필요가 있다.

예를 들어 "오늘은 날씨가 참 좋습니다"라든가, "멀리서 오시느라 고생이 많습니다"라는, 사건과는 관계없는 말부터 시작하면, 긴장하고 있는 당사자의 기분을 부드럽게 해 주는데 효과가 있다.

왜 이러한 방법이 효과가 있을까. 일반 사람들의 마음에는 법관은 너무 착실한 사람들이라서 법률밖에 모른다고 생각하여 그런 인사를 할 줄은 예상하지 못한다. 예상치 못한 말을 들으면, 당사자는 혼란을 느끼겠지만, 그것이 긴장감이나 법원에 대한 경계심을 풀어줄 수 있다.[30] 조정위원들은 법관보다는 당사자에게 보다 더 따뜻하고 가까운 존재가 될 수 있으므로 이러한 점에서는 더욱 효과가 있다.

당사자와의 거리도, 중립적인 것보다는, 원고와 말할 때는 원고 쪽으로 좀 더 접근하고, 피고와 이야기할 때는 피고 쪽으로 더 접근할 필요가 있다. 당사자의 입장에서 보았을 때 법관이 관심을 가지고 듣고 있다는 사실을 확실히 알 수 있도록 하는 것이 포인트라 할 수 있다.

가끔씩은, "정말 그런 일이 있었어요?"라든가, "상대방이 그렇게까지 나쁘게 했어요?"라고 의문을 나타내는 것도 효과적이다. 이때 당사자가 여러 가지 이유를 들어가면서 그 의문에 대하여 강하게 반발하면,

---

30) 상대방이 가지고 있는 인식과 다르게 행동할 수 있는 기회를 만들고 이를 실행하라. 예컨대 1971. 11. 사다트 이집트 대통령의 예루살렘 방문은 이집트를 적으로 생각하던 이스라엘 사람들의 생각을 바꾸어 평화협정의 결정적인 계기가 되었다(Roger Fisher, 앞의 책 27면).

그 기세에 억눌린 듯이 "그랬었구나"라고 자연스럽게 동조하는 것도 관심을 나타내는 대화방법이다.

당사자 쌍방의 주장과 견해를 들은 후에는, 사건에 관한 법관의 생각과 앞으로의 전망을 설명하거나, 화해를 위한 대화를 하는 단계로 들어간다. 어느 것이든 당사자에게 알기 쉽게 설명해야 한다. 격언이나 속담, 예를 들어 설명하는 것도 효과가 있다.

당사자와 사건에는 모두 각각의 얼굴이 있고, 개성이 있으므로, 그 사람이나 사건의 줄기를 파악하여 임기응변으로 대응할 필요가 있다. 법관 자신에게도 개성이 있으므로, 다른 사람의 흉내를 낼 것이 아니라, 자기의 말로 친근하게 말하면 당사자의 마음을 움직일 수 있다.

고전에 나오는 이야기도 많은 도움이 된다. 예를 들면 한비자(韓非子)에 '여도(余桃)의 죄'라는 이야기가 있다.

옛날 미자하(彌子瑕)는 위나라 왕으로부터 총애를 받았다. 위나라 법률에는 함부로 왕의 수레를 탄 사람은 발을 자르는 형에 처하게 되어 있었다. 마침 미자하의 어머니가 병에 걸려 그 사실을 밤에 몰래 미자하에게 알려준 사람이 있었다. 미자하는 왕의 명령이라고 속이고, 왕의 수레를 타고 어머니를 보기 위하여 외출하였다. 왕은 나중에 그 사실을 듣고, 훌륭한 일이라고 하며 이렇게 말하였다. "효성이 지극하구나. 어머니를 지극히 생각한 나머지 다리를 잘리는 형마저 잊었구나."

또 어느 날의 일이다. 미자하는 왕과 과수원에서 놀고 있었다. 복숭아를 먹어보니 맛이 있어서 그 복숭아를 다 먹지 않고, 자기가 먹다가 반이 남은 복숭아를 왕에게 먹게 하였다. 왕이 말하기를, "짐을 너무 사랑하기 때문에, 자기가 먹고 싶은 마음을 억누르고, 짐에게 먹도록 주었다."

그런데 그 후 미자하의 미모가 세월과 함께 쇠하여 총애를 잃고 나서, 왕으로부터 벌을 받을 일이 생겼다. 왕은 이렇게 말하였다. "이놈은 전에 짐의 명이라고 거짓말하여 짐의 수레를 타고 다니고, 거기다 짐에게 먹다 남은 복숭아를 먹게 하였다."

원래 미자하의 행동은 처음과 달라진 것은 아무 것도 없었다. 그러나 전에는 칭찬을 받았던 그 행동이, 나중에는 오히려 죄가 되어 문책을 받은 것은, 군주의 사랑과 미움이라는 감정의 변화에 따른 결과인 것이다.

그러므로 군주의 총애를 받으면, 작은 재치 있는 일이라도 군주의 마음에 들어 더욱 사랑을 받게 되지만, 군주로부터 미움을 받으면 조그만 잘못을 저질러도 처벌을 받고 더욱 멀리하게 된다. 그러므로 군주에게 간언하려는 사람은 군주의 애증이 어디 있는지 잘 살펴본 후에, 설득해야 한다.

이 이야기는 군주의 감정이 변하기 쉽다는 점에 주안점을 두고 설명한 것이지만, 감정이 변하기 쉽다는 것은 군주만 그런 것이 아니라, 일반인들에게도 흔히 일어나는 일이다. 완전히 동일한 행위에 대하여도 시간과 장소에 따라 다르게 보이는 것은 일상생활에서 자주 경험하는 일이다. 자신이 선의로 한 일도 다른 사람에게 선의로 받아들여진다는 보장이 없고, 처음에는 선의라고 생각하였더라도 나중에는 생각이 변하여, 악의로 하였다고 생각하여 미움의 대상이 될 수 있다는 것을 이 이야기는 잘 가르쳐 주고 있다.

이러한 이야기를 한 후 현실의 사건으로 돌아오면, 당사자도 상대방에게 악의가 없더라도, 자신의 행위를 나쁘게 받아들일 수도 있다는 사실을 실감나게 깨닫게 된다. 이러한 이야기는 사건과 직접 관련되는 것은 아니지만, 잠시라도 사건뿐만 아니라 법관과 인간적으로 만날 수 있는 실마리가 되어, 그 후 화해절차의 진행에 좋은 영향을 미친다.

당사자가 객관적인 기준에 따르지 않고 자기에게 유리한 주장만 하는 경우에, 그러한 사람을 설득하는 방법으로서, "**자녀 명의 예금**"이라는 설득법이 있다. 이것은 상대의 주장이, 자녀 명의 예금과 같아 객관적이 아니라, 자기에게 유리하게만 말하고 있다는 사실을 깨닫게 하기 위한 것이다.

부모가 자녀 명의로 예금을 하는 것은 자주 있는 일이지만, 이 경우에 부모의 의사는 상당히 애매하다. 부모는 자신의 것이라고 일단 생각하지만, 나중에는 자녀에게 줄 생각이라든가 하는 식으로 그 취지를 명확히 하지 않는다. 이러한 애매한 생각 때문에, 어떤 때는 자신의 것이라고 말하다가, 또 어떤 때는 자녀의 것이라고 말하는 등, 경우에 따라 자기에게 유리한 의견을 주장하게 된다.

이를 이용하여 설득하는 방법을 설명하면, 먼저 "당신이 자녀 명의로 예금을 한 경우에, 그 예금은 누구의 것입니까"라고 묻는다. "내가 돈을 낸 것이니까 내 것이지요"라고 보통 대답한다. 그래서 "그러면 그 자녀 명의로 된 예금을, 당신의 채권자가 압류할 수 있겠네요"라고 묻는다. 그러면, "아니오. 그건 곤란합니다. 자녀 명의로 되어 있으므로, 자녀의 것입니다"라고 말을 바꾼다. 그래서 "그러면 자녀의 채권자가 압류한다면 어쩔 수 없겠네요"라고 물으면, 이번에는, "아니오. 그것은 내가 낸 돈이므로 내 것입니다"라고 처음의 대답으로 돌아간다.

이 자녀 명의 예금의 예는 보통의 일반인들은 자기에 대한 압류를 피하고 싶다는 생각 때문에, 어떤 때는 자기의 것이라고 말하였다가, 어떤 때는 자녀의 것이라고 말하는 등, 그때그때 자기에게 유리하게 말하는 경우가 있다는 사실을, 당사자가 스스로 납득할 수 있도록 하는데 효과적이다. 입장이나 상황이 다르면 보는 방법이나 생각하는 방식이 달라진다는 것을 스스로 납득하게 되면, 상대방의 행동을 이해할 수 있는 여유를 되찾고, 화해를 진행하는데 도움이 된다. 이와 같이 본인 스스로가 납득하도록 설명하는 것이 중요하다.

※ 법관들 가운데는 패소의 가능성이 높은 당사자에 대하여, "이 사건은 당신이 진다"라고 심증을 확실히 밝혀서 양보를 얻어내는 법관도 있을 것으로 생각하나, 이는 좋은 방법은 아니다. "진다"는 말을 들으면, 자신이 옳지 않다는 뉘앙스의 말을 법관의 입에서 들은 것이 되어, 인격적으로 자신의 주장이 받아들여지지 않는 부끄러운 존재라는 감정이 일어나 반발하는 당사자도 많이 있다.

필자는 "진다"는 말보다 "이기기 어렵다"는 말을 사용한다. 당신의 주장이 잘못이라고 말하는 것이 아니라, 증거를 비롯한 여러 가지 사정에 비추어 당신의 주장이 인정되기 어렵기 때문에, 이 사건에서 당신이 이기기 어렵다고 말한다. "이기기 어렵다"는 말이 결과적으로는 "진다"는 말이 되지만, 당사자에게 불필요한 반발을 일으키지 않도록 배려하여 고른 말이다. 필자로부터 이 말을 들은 법관들이 "좀 더 일찍 그 말을 들었다면 얼마나 좋았을까요. 저는 '진다'는 말을 아무 생각 없이 하는 바람에 몇 건이나 화해에 실패한 적이 있습니다"고 필자에게 토로한 적도 있다.

아. 화해의 장점을 설명하여 좋은 화해안을 도출한다

당사자는 법관으로부터 화해를 권유받고, 화해를 할 것인가 여부를 고민한다. 이럴 때 당사자에게 왜 화해를 하면 좋은지, 그리고 화해는 당사자를 위하여 하는 것이라는 사실을 설명하여 납득시켜야 한다.

화해와 판결의 구체적인 차이, 화해조항이 이행되지 않는 경우의 집행방법, 화해가 성립하지 않은 경우에 재판이 어떻게 진행될 것인가 하는, 당사자가 불안하게 생각하는 여러 가지 문제에 대하여 충분히 설명할 필요가 있다.

가장 중요한 포인트는 화해가 성립되었을 때의 장점을 설명하는 것이다. 이 책의 첫 부분에서 화해의 장점을 몇 가지 들었지만, 이것을 자신의 것으로 만들어 놓으면 당사자에 대한 설득력도 더욱 강해진다.

또한 화해의 장점을 추상적으로 설명하는 것만으로는 부족하고, 내용이 우수한 화해안을 만드는 것이 필요하다. 이를 위하여는 당사자 쌍방의 주장을 충분히 듣고, 당사자 쌍방의 요구를 최대한 만족시킬 수 있는 화해안을 창안해 내는 것이 중요하다. 1개의 오렌지를 두고 싸운 자매에게 껍질과 과육으로 나누어 주는 것은 매우 훌륭한 화해안이라고 말할 수 있다.

자. 상대방에게 변명할 길을 마련해 주고, 막다른 골목으로 내몰지 않는다

화해를 할 때는 당사자를 막다른 곳으로 몰아서는 안 된다. 설혹 거짓말을 하고 있다고 생각하더라도, “당신은 거짓말쟁이다”라고 해서는 안 된다. 그리고 "당신이 잘못한 것이다"고 하거나, 그와 같은 종류의 상처 주는 말을 하지 않는 것이 좋다. 반드시 상대방이 도망갈 길을 마련해 주고, 체면을 손상시켜서는 안 된다.

손자병법에도 "적군을 포위할 때는 반드시 도망갈 길을 열어두고, 궁지에 몰린 적군을 압박해서는 안 된다. 이것이 전쟁의 원칙이다"라는 말이 있다{손자병법, 구변편(九變編)}. 하물며 당사자는 적군이 아니므로, 더욱이 막다른 곳으로 모는 일은 절대로 해서는 안 된다.

당사자가 하는 말에 대하여, 직접적으로 "믿을 수 없다"고 말하는 것은 가장 바람직하지 못한 언사이다. 그보다는 "진실은 당신이 말하는 대로일지 모르지만, 상대방의 주장이나 증거를 살펴보면, 법관으로서는 당신의 주장을 그대로 채용할 수는 없다"고 말하는 쪽이 더 바람직하다.

상대방을 "박살내겠다"거나, "죽여 버리겠다"며 심하게 상대방을 공격하는 사람이 있다. 이러한 경우는 "그런 생각은 잘못이다"고 확실하게 말해주어야 하지만, 그래도 변명할 기회는 주어야 한다.

변명의 기회를 준 후에, "당신의 말을 들어보니, 그러한 감정이 드는 것은 심정적으로는 이해한다. 그러나 그렇게 말하는 것은 허용할 수 없다. 만약 당신이 그런 일을 하면 처벌될 수밖에 없다"라는 식으로 말하는 것이 좋지 않을까. 상대방의 말이 아무리 심하다 해도, 그와 같이 말하고 싶은 심정은 이해해야 한다. 그것이 바로 상대방을 밀어붙이지 않는 방식이다.

※ 앞에서도 설명하였지만, 필자가 심증을 밝혀 당사자를 설득할 때, "진다"

는 말보다 "이기기 어렵다"는 말을 사용하는 것도, 상대방을 막다른 골목으로 밀어붙이지 않는 하나의 사례이다.

차. 현장을 파악한다

"백문이 불여일견"이라는 말이 있다. 현장을 알게 되면 당사자의 주장을 잘 이해할 수 있고, 좋은 화해안을 내기 위한 자료를 수집할 수도 있다. 또한 당사자는 현장을 알지 못하는 법관이 사건의 진실을 제대로 파악하고 있다고는 믿지 않는다. 현장을 알지 못하면 진실을 정확히 알지 못하고, 그 결과 바른 판단을 할 수 없게 될 가능성이 많다.

그러므로, 검증을 하거나, 비공식으로 그곳에 가 보거나, 현장에서 화해를 하거나 간에, 어떠한 경위든 법관이 현장을 알게 되면, 당사자는 법관에게 신뢰를 가지게 되고, 법관의 말에 귀를 기울인다. 또한 현장에 가서 당사자와 잡담을 하다 보면, 여러 가지 사실을 알 수 있다. 분쟁의 진정한 원인을 알 수도 있고, 현장에 가서 실행 가능한 화해안을 마련할 수도 있다.

특히 부동산 사건에서 현장을 아는 것은 더욱 중요하지만, 그 외의 사건에서도 현장에 가는 것이 해결의 열쇠가 되는 경우가 많다.

정리해고사건에서 공장 일부폐쇄의 당부에 관한 극심한 다툼이 있었는데, 해고당한 사람들과 함께 공장에 가서 그 현장을 보고, 복직이 곤란한 상황이라는 점을 함께 이해함으로써, 그 후 원만히 퇴직하는 것으로 종결된 경우가 있다.

(4) 설득기술의 응용형

위에서 본 것이 설득기술의 기본형이다. 이러한 기술을 모두 시도하였는데도 제대로 작동되지 않은 경우에는, 응용형을 사용해 볼 필요가 있다. 그러나 응용형은 기본형을 먼저 시도한 경우가 아니면 사용해서는 안 된다. 법관이 열의와 성의가 깃든 견실한 노력을 한 이후에야 응용형을 가지고 당사자를 설득할 수 있다. 그렇게 하지 않고 처음부터 응용형을 사용한다면 사건을 원만히 해결하기 어렵다.

응용형은 기본형의 맛을 내는 향신료(예를 들어 후추나 고춧가루)와 같은 것이다. 향신료를 요리에 넣으면 맛있는 요리가 되지만, 향신료만을 먹는다면 영양가나 맛도 없고 오히려 건강에 해로울 것이다.

가. 기본형과 반대 방법을 사용한다

가장 단순한 응용형은 기본형과 반대 방법을 사용하는 것이다. "밀어서 안 되면 당겨라"는 말이 있듯이, 지금까지 사용한 방법에 효과가 없으면, 반대 방법을 써 보면 잘 되는 경우가 있다는 것은 우리가 경험으로 알고 있다.

기본형 1번이 '당사자의 주장을 잘 들어라'이므로, 거꾸로 '당사자의 주장을 잘 듣지 말라'는 것이 응용형 1번이 된다. 그러나 이 방법은 당사자의 주장의 잘 들은 후에야 의미가 있는 것이고, 처음부터 당사자의 주장을 듣지 않아도 된다는 것은 아니다.

'성의를 가지고 대한다'는 것이 기본형의 2번째이므로, '냉정하게 대한다'는 것이 응용형 2번이 된다. 마찬가지로 '열의를 가지고 끈기있게 노력한다'는 것이 기본형 3번이므로, '이른 단계에서 빨리 끝낸다'는 것이 응용형 3번이 된다. 이하 대체로 같은 요령으로 생각할 수 있다.

이러한 응용형의 공통점은, 기본형이 법관과 당사자의 거리를 좁히는 데 반하여, 거꾸로 당사자와의 거리를 멀리 하는 것이다. 이러한 사실은 당사자와 법관 사이 거리의 원근이 화해절차에 미묘하게 영향을 미친다는 것을 나타낸다.

그러므로 화해를 시도할 때는, 사건의 줄거리 · 당사자의 인격 · 감정 · 법관의 개성 등도 감안하여, 당사자와 가장 적절한 거리를 정할 필요가 있다. 다만 처음 화해를 시도할 때는 기본형이어야 한다. 기본형으로 시도하여도 잘 되지 않고, 다른 방법을 써도 주효하지 않을 때 가서야, 당사자와의 거리를 변경하는 것이 바람직하다.

기본형과 그 반대의 응용형을 시도하여 보아도 제대로 되지 않을 때는, 화해시도를 일단 접고, 변론이나 증거조사를 한 후에, 다시 한 번 기본형으로 돌아가 또 다시 화해를 시도해보는 것이 좋은 방법이다.

나. 법관으로서의 직무를 강조하여 강하게 밀어 붙인다

이것은 정면으로 강하게 밀어붙여 상대의 강력한 저항을 힘으로 돌파하는 방법이다. 배구를 예로 들자면, 전위의 탄탄한 봉쇄(blockade)를 돌파하는 강력한 스파이크와 같은 것이다. 기운이 넘치는 법관은 처음부터 이러한 방법으로 상대방을 제압하고 싶은 유혹에 빠지는 사람도 많을 것이다.

그러나 위와 같은 강력한 스파이크를 사용하지 않고 설득하는 것이 바람직하고, 더구나 화해는 이기고 지는 일이 아니고, 법관의 만족이 아니라 당사자의 만족이 우선이므로, 원칙적으로 일방적으로 밀어붙이는 것은 자제해야 한다. 설혹 같은 내용의 화해안이라 하더라도 법관이 밀어붙이는 것보다는 스스로 납득하여 합의한 쪽이 당사자로서는 만족도가 크기 때문이다.

그러나 때에 따라서는 이러한 예외적인 방법도 필요할 때가 있다. 구체적인 예를 든다면, 당사자의 상대방에 대한 반발이나 불신이 너무 강하여 그 감정을 끊임없이 강하게 법관에게 터뜨리는 사람의 경우이다. 이러한 사람에게 일방적으로 밀리기만 해서는 설득이 불가능하다. 이 경우에는 예외적으로 강하게 대응하여, 당사자의 주장과 법관의 직무가 양립하지 않는 것을 이유로, "나는 법관으로서의 직무를 수행하기 위하여 당신의 견해를 따를 수 없다"고 확실히 말해주어야 한다.

한 예를 들자면, 대리인을 제쳐두고 사장, 노조위원장과 판사가 수차 회담을 하여 쟁의를 해결한 사실이 있는데, 그 사건이 300일간 장기간의 쟁의가 된 이유는, 그 회사는 A, B 2개 단체의 노동조합에 가입한 조합원들 사이에 대립이 극심하여, 쌍방 조합이 상대방 조합 간부의 해고를 요구하였고, 전임 사장이 쌍방 조합에 상대방 조합 간부의 해고를 약속한 것이 발단이 되었다.

회사는 A 조합의 간부를 먼저 해고하였으나, 근로자 지위보전 가처분 결정이 인용되자 해고를 철회하고 복직을 인정하였다. 그러나 B 조합에서는 회사의 그러한 조치를 납득하지 않고 약속을 이행하지 않았다는 이유로 회사에 강력히 항의하며 쟁의에 들어갔다.

B 조합원들은 약속을 지키지 않은 회사에 잘못이 있다고 강력하게

주장하였다. 이때 판사가 "다른 조합에 간섭하는 행위는 잘못된 행동이다. 나는 법관으로서 A조합원들이 B조합원들을 해고하라고 요구하면 나는 당신을 보호할 것이다. 그러나 당신 쪽에서 A조합원의 해고를 주장할 경우에도 나는 똑 같이 A조합원들을 보호할 것이다. 당신들이 귀중하게 생각하는 회사와의 약속은 마치 살인청부계약과 같이 법률상으로는 아무 효력이 없다"고 분명히 말해 주었다. 그러자 조합원들은 "우리들이 무효인 계약 때문에 300일이나 이렇게 싸운 것인가"라고 허탈해 하며, 종래의 강력한 쟁의 열기가 사라지고 화해의 실마리를 찾게 되었다.[31)]

이와 같이 상대방의 에너지가 지나치게 강한 때에는, 그대로 상대에게 밀리는가 아니면 상대를 압도하는가는 매우 큰 차이가 있고, 그것이 승패의 갈림길이 될 수 있다. 그러나 이 방법도 잘못 사용하면 효과가 없다. 기본형을 충분히 사용하여 법관의 열의와 성의를 당사자가 충분히 안 후에라야, 법관이 강하게 밀어붙여도 상대의 반감을 사지 않는다.

다. 당사자가 의식하지 못한 곤란한 문제를 지적한다

이것은 좀 특이한 설득법이다. 배구의 예를 든다면 상대방의 방어를 피하여 속임수(faint)를 쓰는 것과 같다.

속담에 '모르는 게 약이다'는 말이 있지만 모르면 사람이 용감해진

---

31) Roger Fisher의 원칙화된 협상방법에 따르면, 이는 객관적 기준을 사용하여 원칙에 근거하여 설득하고, 문제와 사람을 분리시켜 사람에게는 부드럽게, 문제는 강경하게 대하라는 원칙과 일맥상통한다.

다. 모르는 편이 행복하게 살 수 있는데, 일부러 가르쳐 주어 불안하게 하는 것은, 진정한 친절은 아니므로, 상대가 필요 이상으로 자기 주장에 집착하는 경우에만 이 방법을 사용해야 한다.

예를 들면, 중소기업 경영자가 적정한 화해금의 지급에 동의하지 않는 경우에, “당신은 은행으로부터 대출을 쓰고 있지요. 그렇다면 조금 억울하더라도 너무 자기 주장만을 해서는 안 됩니다. 은행거래에는 예금이나 담보물에 제3자로부터 압류가 들어오면, 기한의 이익을 상실하고 채무 전액을 일시에 지급해야 한다는 조항이 들어 있지요. 당신과 같은 경우에 압류를 당하여 은행으로부터 채무 전액의 상환을 요구받아 파산한 사람도 있답니다. 나라면 조금 억울하더라도 모른 채 하고 지급할 거예요.”라고 말하면, 대부분의 사람들은 바로 화해를 받아들인다.

이러한 설득법이 특히 효과적인 경우는, 보통 사람이라면 충분히 받아들일 수 있는 화해안에 대하여, 이러쿵 저러쿵 이유를 대며 고집을 부리는 사람이다. 이런 유형은 돈에 인색하거나, 돈에 매우 냉엄한 사람이 많기 때문에, 오히려 이러한 설득에 약하다.

라. 틈을 둔다

당사자에 대한 설득이 여의치 않는 경우에는 시간적 간격을 두는 것이 좋은 방법이다. 다른 사람과 이야기를 할 때, 상대가 좀체 응하지 않으면 이치를 따져 밀어붙여 항복을 받고 싶은 기분이 되는 것이 이해가 가지만, 그렇게 해서는 다른 사람을 설득할 수 없다.

상대방을 밀어붙이다가 “노”라는 말이 나와 버리면 그것으로 끝이다. 그 사람은 한번 “노”라고 말한 이상 내친 걸음에 그대로 갈 것이고, 좀처럼 “예스”라고 말하기 어렵기 때문이다. 앞에서 본 데일 카네기의 “사람을 설득하는 12가지 원칙”에서도 “예스로 대답할 수 있는 문제를 선택하라”는 말이 나온다.

이와 같이 당사자에 대한 설득이 생각대로 되지 않는 경우에는, 중간 단계에서 일단 멈추는 것이 좋다. 승부를 가리는 경우에도 능숙한 사람은 일정한 형태를 고집하지 않는다. 화해도 마찬가지다. 당사자가 “노”라고 말하려는 상황이 되면, 세상 돌아가는 이야기나 잡담으로 화제를 돌림으로써 “노”라고 말할 수 있는 화제를 피해야 한다. 그렇게 하면 당사자도 “노”라고 말할 수 없는 상황이 형성될 수 있다.

설득하는 도중이라면, 당사자로 하여금 잠시 생각해보라고 하고, 상대방과 교대하여 이야기해 보는 것도 좋은 방법이다. 기다리고 있는 동안 당사자는 법관의 말대로 하는 것이 좋지 않을까 하고 생각할 수 있다. 대화를 중단하고 화해기일을 다음 기일로 속행하는 것도 좋은 방법이다. 화해절차를 일단 중단하고 증거조사나 다른 기일을 여는 것도 효과적이다.

요컨대 당사자가 자발적으로 화해할 마음을 가지는 것이 중요하고, 시간적인 여유를 주면, 당사자는 냉정한 상태로 돌아가, 법관이 말한 것을 생각할 수 있으므로, 그 이후에 설득을 재개하면 성공할 확률도 높아질 것이다.

마. 발상을 전환한다

지금까지 말한 설득법을 모두 사용하더라도, 화해가 되지 않는 사건에서는 발상을 전환하여 새로운 방식을 찾아야 한다.

"밀어도 안 되면 당겨라"는 말이 있지만, 밀어도 당겨도 되지 않는 경우에도 포기해서는 안 된다. 가령 문에 자물쇠가 잠겨 있어서, 밀어도 당겨도 안 되는 경우에, 발상을 전환한다면, 두드려 부수거나, 위로 넘어 가거나, 아래로 구멍을 뚫거나 하는 여러 가지 방법이 있을 수 있다. "무언가 해결책이 있다", "답은 반드시 있지만, 지금 단계에서 찾지 못했을 뿐이다"라는 생각을 가지고 끝까지 노력해야 한다.

앞에서 본 응용형으로 설명한 것 중에도 발상의 전환으로 성공한 예가 많이 있으나, 여기서는 필자가 다룬 실례를 2가지 소개한다.

처가 바람이 나 가출을 하여, 이혼한 후, 남편이 헤어진 처에 대하여 위자료를 청구한 사건이다. 사실관계는 거의 다툼이 없고, 금액은 별개로 하더라도 남편이 승소할 가능성이 확실한 사건이었다. 필자가 얼마간의 액수를 피고에게 지불하도록 하여 화해시키려 하였으나, 피고는 "나는 잘못한 게 없다. 오히려 위자료를 받고 싶다"고 하며 강하게 반발하여, 도무지 화해에 응하지 않으려 하였다. 그리고 "나는 모든 것을 버리고 집을 나왔는데, 남편이 나에 대해 소송을 제기한 것은, 순전히 나를 괴롭히기 위한 것이다"고 말하기도 하였다.

나는 이 말을 듣고, 판결을 하더라도 아무런 해결이 되지 않고, 처가 남편을 더욱 미워하고 경멸할 것이므로, 되도록 판결을 하지 않고 해결할 수 있는 방법을 강구하였다. 그 때 떠오르는 생각이, 화해가 될 수 없다면 소를 취하시키는 것이었다.

그래서 나는 피고에게, "내가 원고에게 소송을 무조건 취하하도록 부탁하겠다. 만약 원고가 취하한다고 하면, 당신은 진정으로 감사하고, 원고가 당신을 괴롭히기 위해서 재판을 하는 것이 아니라는 사실을 알아주시오"라고 말하고, 원고에게 취하를 권하자, 원고는 쾌히 승낙하였다.

원고가 조건 없이 소를 취하한다는 말을 들은 피고는, 생각지도 않게 눈물을 펑펑 흘리며, "내가 잘못했다"고 말하는 것이었다. 나는 이 모양을 보고, 원고는 소를 취하함으로써, 헤어진 처의 눈물이라는 가장 큰 승리를 얻었다는 생각을 하였고, 서로를 위로하는 옛 부부의 모습을 보면서 나름대로 잔잔한 감동을 받은 적이 있다.

또 하나의 예는 부부가 재산의 귀속을 두고 다투는 경우에 발상의 전환(사인증여형)으로 해결을 한 사례이다.

부부가 이혼을 할 수밖에 없는 상태였으나, 둘 다 아이에 대한 애정이 있어, 사후에는 자녀에게 부동산을 남겨주고 싶어 하였다. 이혼하여 재산이 부부의 일방 명의로 된다면, 둘 다 재혼할 가능성이 있고, 재혼한 후 사망하면, 새로운 배우자와 그 배우자와 사이에 낳은 자녀에게 재산이 상속될 것이므로, 좀처럼 합의를 할 수 없었다. 이와 같은 경우에 의외로 좋은 방법이 사인증여로 가등기를 해 놓는 것이다. 예를 들어 남편이 집을 차지하고 죽을 때까지 그곳에 살다가, 죽은 후에는 처가 부양을 맡은 아이가 그 집을 취득하게 하고 싶다면, 남편이 집을 취득하면서 자녀에게 사인증여하고 그 취지를 가등기한다는 내용으로 화해하는 것이다. 그렇게 하면 사후에 그 자녀가 집을 취득할 수 있으므로, 집의 소유권을 일단 남편에게 귀속시키는 조항을 처가 순순히 받아들일 수 있는 것이다.

5. 화해안의 형성방법

(1) 기 본 형

가. 당사자의 요구를 잘 듣고 이를 상대방에게 전하고 상호 조정하여 합의에 이르도록 한다

당사자가 원하는 바를 잘 듣고, 상대방에게 이를 전달하여 서로 조정하는 것이 기본형이다. 다시 말해서 당사자와 서로 대화를 계속하는 중에 자연스럽게 화해가 성립하는 것이 가장 이상적이다. 물론 법원이 하는 화해이므로, 법관은 증거조사 결과 얻은 심증·판례·학설 등을 고려하여 나름대로 화해안에 관한 견해를 가지고 있을 터이지만, 그것을 밀어붙이지 말고, 당사자와 대화를 계속하는 과정에서 보이지 않은 손에 이끌려, 법관이 생각하고 있는 타당한 화해안에 자연스럽게 접근하는 것이 가장 바람직하다.

당사자와 주고받는 대화는 법원에서 하는 것이 당연한 원칙이지만, 기일 사이 사건진행관리를 하면서, 사무관의 협력을 얻어 팩스나 전자메일을 활용하여 쌍방의 의견을 구하거나, 법원의 의견이나 화해안을 전달하는 방식도 사용할 수 있다. 팩스나 전자메일을 이용하면, 조기에 의견교환이 가능하므로, 실질적으로 기일을 연 것과 같은 효과가 있고, 화해 촉진에도 도움이 된다.

당사자의 대립이 심하거나, 상호 불신이 강할 경우, 법관이 주도하지 않으면 쌍방이 처음부터 화해에 나서려 하지 않는다. 이와 같이 대립이 심한 경우에는 세부적인 합의를 도출하려 하지 말고, 쌍방을 화해의 자리에 나오도록 하면 성공이라는 정도의 기분으로 시도해야 한다. 쌍방이 일단 화해의 자리에 나오더라도 무리하게 합의시키려 하지 말고, 다음에 설명하는 직권안을 마련하는 방법이 오히려 효과적이다.

나. 화해가 어려울 때는 직권으로 화해안을 마련한다

법관이 당사자 쌍방에 대하여, 조정을 위한 노력을 하여도 합의에 이를 수 없는 경우에는, 법관이 적극적으로 조정안을 마련할 필요가 있다. 직권안은 명확하고 단순하게 내는 것이 원칙이다.

다만, 변론종결 후의 화해안과 같이 판결 선고 절차만 남아있는 경우에는 예외로 하더라도, 그 외의 경우에는 화해에 실패하더라도 다음의 기회가 있으므로, 다음 기회로 연결될 수 있는 화해안을 낸다는 관점도 필요하다. 당사자 쌍방이 좀처럼 화해 자체를 시작하지 않으려 하는 때에는, 화해의 방향이나 큰 줄거리만을 마련하여, 당사자로 하여금 화해를 시도하게 하려는 것만을 목적으로 직권안을 내는 경우도 있다.

화해안을 낼 때에는, 당사자 모두 사람이기 때문에, 여러 가지 감정을 가지고 있고, 말로 표현하는 것과 마음속의 의사가 서로 다를 수 있다는 것도 잊어서는 안 된다. 그러므로 법관의 화해안에 관한 생각이 옳다 하더라도, 화해안을 내는 순서가 바뀌면 잘 되지 않는 경우가 많으므로, 화해안을 내는 방법이나 수순 하나까지도 연구가 필요하다.

직권안을 마련하는 것이 매우 어려운 경우도 있다. 이때는 직권안 작성 이전의 단계로 돌아가 당사자가 원하는 내용을 제시하게 하거나, 달리 조정의 방법을 연구할 필요가 있다. 그것이 다음의 응용형이다.

(2) 응 용 형

가. 폭 넓은 화해안을 제시하고 형식을 고정시키지 않는다

법원이 당사자에게 화해안을 제시하거나, 법원안에 접근하도록 하는 경우에는, 구체적으로 정한 화해안으로는 곤란한 경우가 많다. 그래서 처음에는, "1,000만원에서 2,000만원 사이가 되겠습니다"라는 정도로 여유 있는 의견을 제시해야 한다.

화해를 시도할 때는, 못을 박을 때와 같은 방식과 마음가짐이 필요하다. 판자의 네 귀퉁이에 못을 박을 때, 4개를 조금씩 같이 박지 않으면 안 된다. 먼저 1개를 완전히 박은 후에 다른 못을 박으면, 판자가 갈라지거나 하는 현상이 생긴다. 화해도 이와 같이 처음부터 형태와 내용을 고정시켜 놓으면 제대로 되지 않는다.

또한 처음에는 조금만 움직이면 된다는 생각도 매우 중요하다. 단 한번으로 모든 것을 결정하려는 생각은 그다지 좋다 할 수 없다. 조금이라도 움직이는 것, 양보하는 것 자체가 큰 성과인 것이다.

자동차 운전을 생각하면 이를 잘 알 수 있다. 자동차는 고속기어인 4단이나 5단 기어에서 출발할 수 없다. 아무리 좋은 자동차라도 처음에는 1단 기어에서 시동한다. 조금이라도 움직인다는 것은 큰 의미를 가지는 것이다. 시속 1㎞라도 정지해 있는 것에 비한다면 정지와 움직임이라는 질적인 차이가 있다. 1㎞와 100㎞는 언뜻 보면 100배의 차이가 나는 것으로 생각할 수 있으나, 질적인 차이는 없고 단순히 양적인 차이에 지나지 않는다. 그러므로 될 수 있는 한 느슨한 화해안으로부터 시작하여, 당사자를 조금이라도 움직이는 것을 목표로 하여 시작하는 것이 중요하다.

필자가 개발한 운용기준 중에는 "**1대2 이론**"이 있다. 당사자의 대립이 1,000만원에서 2,000만원, 혹은 5,000만원에서 1억원인 경우와 같이, 당사자 쌍방의 대립이 1대2의 범위 안에 있으면, 법원이 직권안을 내면 해결될 수 있다. 그러나 당사자의 대립이 1대2보다 더 벌어진 경우에는 직권안을 내더라도 제대로 설득이 되지 않는다. 그러므로 이때에는 양쪽의 대립이 1대2의 범위 안에 들어오도록 끈기 있게 설득을 계속해야 한다.

그러나 필자 역시 실제 사건에서는, 1대5 이상 벌어진 사건도 많이 처리하였고, 단순하게 1대2까지 만들어 가기가 곤란하거나, 또한 시간이 너무 걸리는 사건이 존재한다. 당사자의 의견이 상당한 차이가 있더라도, 교통사고나 이혼 위자료와 같이 기준이 있는 경우에는, 그 기준에 따른 설득이 가능하지만, 그렇지 않는 경우는 제대로 되지 않는다.

이러한 경우의 처리방법으로 새로운 방식을 개발되었다. 예를 들면 100만원과 1,000만원과 같이 1대10으로 벌어진 사건이 있다고 하자. 당사자가 이러한 제안을 한다면, 당사자가 모두 실제로 화해교섭을 하기 위한 제안을 한 것이라 말할 수 없다. 당사자 모두 자기가 생각하는 결론과 자신의 제안이 괴리가 있다는 사실을 잘 알고 있고, 상대가 자신의 제안을 받아들이지 않으리라는 것도 잘 알고 있다. 이 경우에 쌍방에게 양보를 촉구하더라도 겨우 20% 정도밖에 양보하지 않는다.

이 경우에는, "쌍방의 제안은 현실과 동떨어진 것으로 화해의 기준이 될 수 없다. 법관의 입장에서 본 우선의 선을 제시할 테니 이를 참고하여 달라"고 말하고, 대략적인 금액을 제시한다. 이때 먼저 쌍방의 금액 중 큰 쪽을 2로 나누고, 적은 쪽을 2로 곱한다. 그렇게 하면 500만원과 200만원이 된다. 이렇게 하여도 아직 배 이상의 차이가 나므로, 또 다시 2로 나누고 2를 곱한다. 그러면 250만원과 400만원이 되어, 원고 주장액과 피고 주장액이 역전된다. 역전이 되기 이전 쌍방의 액을 더하여 2로 나눈 액수와 역전 된 후에 쌍방의 액을 더하여 2로 나눈 액의 범위를 우선의 금액으로 제시한다. 이 경우에 역전되기 전의 금액을 더하여 2로 나누면 350만원이 되고, 역전이 된 후의 금액을 더하여 2로 나누면 325만원이 된다. 그러므로 325만원에서 350만원의 범위에서 화해안을 제시하여, 그 후에 교섭을 계속하는 것이다.

이 금액은 의외로 당사자들이 생각하고 있는 선에 가까워, 쌍방이 본심으로 교섭을 시작하는 경우가 많다. 이러한 방식이 성공할 수 있는 것은, 당사자가 모두 무의식적으로 나름대로의 사건에 관한 전망을 가지고, 그에 근거를 두고 대략적으로 자신의 제안을 몇 배로 하거나,

몇 분의 일로 하기 때문이다. 상당히 과장된 금액으로 보이지만, 당사자가 주장하는 액수에는 나름대로의 근거가 있다는 사실을 받아들여, 그것을 수정하여 화해안에 반영하도록 노력하는 과정이 이 방식이다.

이 방식을 가사조정위원이 상속재산분할사건 조정에서 사용하여 성공한 사례가 소개된 적이 있다.[32)]

※ 위의 설명은 법관으로 재직할 때 필자가 창안한 방법이지만, 법관 퇴직 후 학습원대학 교수가 된 후에 좀 더 세련된 방법은 없을까하고 연구를 계속한 결과, 최종적으로 루트이론라는 것을 발견하였다. 이에 대한 상세한 설명은 뒤에서 다시 하겠지만, 쌍방이 대립하는 경우에 그 평균값은 원고와 피고가 주장하는 액수를 곱한 액의 평균값(루트값)이라는 수학의 상승평균(기하평균)이론을 적용한 것이다. 예를 들어 100만원과 1,000만원으로 대립하는 경우의 평균값은 그 루트값인 316만원이 된다.

나. 복수의 화해안을 제시하여 당사자에게 선택하도록 한다

당사자에게 화해안을 제시할 때, 한 가지만을 내는 것이 아니라, 분할 지급안과 즉시 지급안과 같이 복수의 안을 준비하여 당사자에게 선택하도록 하는 것도 좋은 방법이다. 당사자가 복수의 화해안 중에서 그 중 하나를 선택하는 행위는, 자신의 주체성을 자각하고, 법원이 화해안을 밀어붙인다는 생각을 불식할 수 있기 때문이다.

예를 들어 어느 사건에서, 원고는 800만원을 요구하고 피고는 400만원을 주겠다고 하는 사건이 있었다. 이 경우에 "더하여 2로 나누는 이

---

32) 平柳一夫, "유산분할사건에서 가사조정위원회의 실무", 케이스연구 248호155면, 1996년

론"을 적용하면, 권고안은 600만원이 되지만, 700만원의 분할지급안과 500만원의 즉시지급안 2개를 마련하였다. 원고는 700만원의 분할지급을 선택하고, 피고는 500만원의 즉시지급안을 선택하였으나, 그 후에 협의를 계속한 결과 700만원의 분할지급안으로 결론이 났다.

이러한 경우에 화해가 잘 이루어진 이유는, 700만원의 분할지급안과 500만원의 즉시지급안은 실질적으로 거의 차이가 없고, 한쪽의 화해안을 선택하여 수용할 수 있다면, 다른 쪽을 선택하는 것도 그리 어렵지 않기 때문이다. 그러므로 실질적으로 600만원의 화해안을 제시하는 것과 큰 차이는 없으나, 2가지 선택의 여지를 마련하여, 당사자가 어느 쪽의 화해안이 좋을까를 생각하면서 선택하는 절차를 도입한 것이, 당사자에게 주체성을 자각하게 하여, 실질적인 대화를 촉진하는 효과를 가져 온 것이다.

또한 법관이 복수의 화해안을 제시하는 것은, 화해안 자체가 몇 가지 있을 수 있다는 관점을 당사자에게 환기하는 것이므로, 당사자로서도 여러 가지 대안을 제안하는 것이 쉽고, 진정한 대화에 접근하기가 쉬워진다.

이에 대하여 화해안이 하나뿐이라면, 당사자는 그 화해안을 받아들일 것인가 그렇지 않을 것인가를 법관으로부터 강요받는 수동적이고 마음에 여유가 없는 심각한 심리상태가 되어, 진정한 대화를 할 수 없는 상황이 된다. 물론 확정된 하나의 화해안을 당사자에게 제시하여, 심각하게 고려하여 받아들이도록 할 경우도 있으나, 보통은 여러 가지 관점을 가지고, 탄력적으로 대화를 하는 쪽이 원만한 합의를 이끌 수 있다. 해고사건에서도, 복직안과 퇴직안을 모두 준비하여 양쪽을 왔다

갔다 하며 화해절차를 진행하여 성공한 예도 있다.

다. 응용적 선택형

위에서 본 것은 선택형의 기본이다. 이 기본적 선택형을 법원이 화해안으로 제시하는 것이 아니라, 당사자 일방으로 하여금 여러 개의 안을 제출하게 하여, 상대방에게 그 중 하나를 선택하도록 변형하면 응용적 선택형이 된다.

어느 토지를 평등하게 분할한다는 합의는 하였으나, 구체적인 방법에 관하여 의견이 일치하지 않은 경우가 있었다. 토지의 모양이 단순하다면 문제가 없었겠지만, 토지의 형태가 변형이고, 도로가 한쪽에만 접해있어서, 면적을 평등하게 나눈다는 것만으로는 공평하다고 볼 수 없는 경우에는, 감정을 하더라도 정확한 선을 긋기 어려워, 법원이 구체적인 안을 내기 어렵다.

이 경우에 당사자 쌍방에게, 자기가 타당하다고 생각하는 분할안을 내게 하여, 그 중 법원이 타당하다고 생각하는 분할안을 채택하지만, 채용된 안을 제시한 당사자에게는 선택권을 주지 않고, 채용되지 않은 당사자에게 좋은 쪽을 선택할 수 있는 선택권을 주는 방법이 있다.

이 방법은 다고 아키라(多湖輝)의 "두뇌 체조 제2집"(광문사 캅퍼북스, 1967년, 51면)에, "2사람의 인색한 술꾼이 있다. 모양이 다른 술잔이 2개 있고, 그 한 쪽에 술이 들어 있다. 그 1잔을 두 사람에게 나누어 마시게 하는데, 양쪽이 모두 절대 불평을 할 수 없도록 술을 나누기 위해서는 어떻게 할 것인가"하는 문제에서 힌트를 얻은 것이다.

그 답은 “먼저 1사람이 스스로 가장 공평하다고 생각하는 방식으로 술을 둘로 나눈다. 그 다음 다른 한사람이 그 두 개 중 자기가 원하는 것을 선택한다. 그리고 남은 것을 처음 술을 나눈 사람이 가지면, 둘 다 불평이 있을 수 없다”는 것인데, 이것을 화해에 응용한 것이다.

또한 위 책에는, ‘우리들은 일상생활에서 공평의 문제를 항상 객관적으로 측정하려고 한다. 그러나 여기서 “불평이 있을 수 없다” 는 말로 표현되는 공평은, 이 두 사람의 매우 주관적인 판단에 따른 것이다. 그렇다면 단지 현상을 물질적・객관적으로 파악하는 것만으로는 문제를 해결할 수 없고, 이때에는 두 사람의 내부세계, 다시 말해서 감정의 움직임을 포착해야 한다. 위와 같은 방식으로 문제를 설정하는 생각의 통로가 당신의 머릿속에 있는가?’라고 묻고 있다.[33)]

이러한 방식은 앞에서 본 Roger Fisher의 ‘Getting to YES’에도, 두 아이가 하나의 케이크를 나누는데 옛날부터 사용하던 방법으로서 소개하고 있다. 거기에는 “개인적인 의사에 휘둘리지 않는 해결책을 찾기 위하여는, 실질적인 문제점에 대한 공정한 기준이나, 혹은 대립하는 이해를 해소하기 위한 공정한 절차 중 어느 하나를 사용하면 된다. 예컨대 두 아이가 하나의 케이크를 나누는데 옛날부터 내려오던 방법을 생각해보자. 한 아이가 자르고, 다른 아이가 선택한다. 어느 쪽도 불평할 수 없다”고 되어 있다(원서 86면, 박영환 번역서 141면).

판결주의자의 발상에서 본다면, 이 경우에 면적과 가격 등을 고려하여 공평한 선을 그어야 하겠지만, 화해주의자의 발상에 따르면 면적이

33) People are everything. Feelings matter more than facts : 사람이 전부다. 감정이 사실보다 중요하다(Stuart Diamond, 와튼스쿨 교수, 역자 주)

나 가격을 기준으로 하기보다, 당사자 자신의 선택이 바른 해결방식이 된다.

라. 당사자가 화해안에 응하지 않은 경우에 밀어붙이지 말고 같은 종류의 화해안을 대안으로 제시한다

당사자가 법원안을 거부하더라도 밀어붙이지 말고, 즉시 같은 종류의 대안을 내어야 한다. 같은 종류의 화해안이므로 대세에는 영향이 없다. 거부한 당사자의 입장에서 본다면, 법관이 당초의 안을 철회하여 주었다는 것 때문에 자신의 의견이 받아들여졌다는 만족감과, 성의를 다하는 법관에 대하여 제안을 거부하여 미안하다는 감정이 복잡하게 뒤엉켜 있으므로, 다른 화해안이 나오면 여유를 가지고 이를 받아들일 수 있다.[34] 이와 같이 변화의 여지를 남겨두기 위해서도 화해안을 느슨하고 폭 넓게 제시해야 한다. 융통성 없는 안을 제시하면 궤도 수정이 어렵다.

100만원과 50만원이 대립할 때, 70만원이나 80만원으로 결정되는 경우가 흔히 있다. 그러나 1,000만원과 1,100만원이나, 50만원과 45만원과 같이 그 차이가 근소한 경우에는, 양쪽 다 "나는 양보할 만큼 하였다. 상대가 양보해야 한다"며 둘 다 물러서지 않는 경우가 많다. 이 경우가 오히려 더 어려운 상황이 될 수 있다.

이때는 분할지급과 즉시지급의 방법이 해결책이 될 수 있다. 분할지급의 경우에는 금리를 어떻게 할 것인가 하는 관점을 가미하면 조정이

---

34) 상대방으로 하여금 결정 과정에 동참했다는 확신을 가지게 만들어라. 어떤 면에서는 과정 자체가 곧 결과이다(Roger Fesher, 앞의 책, 27면, 역자 주).

쉽게 될 수 있다. 당사자가 모두 즉시지급을 전제로 하여 치열하게 교섭하고 있는 경우는 상황이 매우 어렵게 된다. 다시 말해서 즉시지급이라는 것은 사안을 매우 단순화시킬 수 있고, 피고도 즉시지급을 무기로 하여 최대한의 양보를 요구할 수 있기 때문이다.

법관으로서는 1,100만원을 즉시지급하는 것이 본래의 바람직한 화해안이라고 생각되는데, 피고가 1,000만원을 즉시 지급하는 것 이상은 받아들일 수 없다고 버티는 경우에, 다음과 같이 한다. 즉 총액을 1,100만원으로 하고, 1,000만원은 즉시 지급하되, 나머지 100만원은 1년 후에 지급하는 안을 제시하는 것이다.

총액 1,100만원은 변하지 않지만, 100만원을 1년 동안 보류하면, 1,100만원을 요구하는 원고로서는 총액이 인정되어 자존심을 지킬 수 있게 되므로 이를 받아들이기 쉽다.

또한 1,000만원이라고 고집하던 피고로서는, 1,000만원을 현금으로 가지고 있는 것이 아니라, 이를 은행에서 대출받아 빨리 정리하려고 생각하였으나, 막상 돈을 빌리려고 하면 100만원을 더 빌리는 것이 의외로 쉽지 않는 경우가 있다. 그러나 100만원을 내년에 갚는다면 자금마련이 가능하다. 1,000만원을 마련하는 일과 별개로, 100만원은 매월 얼마라도 모을 수 있으므로, 화해안을 받아들일 수 있다. 이러한 상황에서 법관이 1,100만원을 즉시 지급하라고 강요하면, 겨우 100만원의 차이라고 생각할지 모르지만, 돈을 빌리는 사람의 사정이 걸림돌이 되어 화해가 되지 않는다.

위와 같이 화해가 거의 다 된 상황에서 사소한 일로 옥신각신하는 경우가 많이 있으나, 그러한 때에도 초조하게 생각하지 말고 여러 가지 방법을 연구하여 대처해 나가면, 의외로 잘 해결될 수 있다. 그 이유는 앞에서 말했다시피 당사자는 밖으로는 강하게 나오더라도 내심으로는 분쟁이 빨리 해결되었으면 하는 생각을 가지고 있기 때문이다.

그러나 다음에 설명하는 바와 같이, 양쪽 당사자 모두에게 서면으로 제시한 경우에는, 사정의 변경이 없는 한 화해안을 변경해서는 안 된다.

마. 화해안을 서면으로 제시한다

법원이 직권안을 제시할 때 화해안을 서면으로 만들면 효과적인 경우가 있다. 서면을 통하여 화해안의 내용이 명확하게 되므로, 당사자가 법원의 진정한 의도를 오해할 일도 없고, 화해안의 구체적인 이미지가 확실히 부각되며, 불만이 있는 내용이라도 그대로 받아들이면 재판을 종결할 수 있으므로, 복잡하여 수렁에 빠진 사건의 경우에 해결의 의욕을 촉진시킬 수 있다.

또한 양쪽 당사자가 같은 내용의 서면을 받기 때문에, 불공정한 흥정이 있을 수 없다는 사실이 명백하므로, 방법으로서도 공평하다고 할 수 있다.

이 방식은 일류기업이나 보험회사가 상대방인 경우에도 효과적이다. 그 이유는 이러한 회사들은 화해를 받아들일 것인가 여부는, 본사 단계에서 다른 사건에 영향을 미칠 것인가 여부가 가장 중요한 문제점으로 검토되고, 개별적인 해결이 타당한지 여부는 그다지 고려하지 않기 때문이다. 그러므로 법원에 출석한 대리인을 아무리 설득하여도,

그가 의사결정을 하는 입장이 아니므로 효과가 없다. 대리인으로서도 품의서를 써서 회사에 제출하는 것이 번잡하기 때문에 썩 내켜하지 않는다.

그러나 본사에서 내부 결재를 하기 쉽고, 대리인이 품의서를 작성하는 수고를 덜 수 있도록, 법원이 서면으로 화해안을 제시하면, 대리인이 그 서면을 회사에 제출함으로써, 법원의 생각이 회사 간부들에게 정확하게 전달될 수 있으므로, 결재도 쉽고, 대리인으로서도 협력하고 싶은 마음이 생기게 된다.

서면에는 특별한 양식이 있는 것은 아니지만, 화해안에 무게를 실어줄 필요가 있는 경우에는, 변론조서나 화해기일조서에, "아래와 같이 화해권고한다"고 하여 화해안을 표시하고, 이를 당사자로 하여금 정식으로 등본으로 청구하게 한다면, 사무관의 인증서가 붙은 공문서로서 교부할 수 있다. 그렇게 하면 공문서이므로 받아들이는 측에서도 그만큼 화해안에 무게를 느끼고, 이를 받아들이기 쉽게 된다.[35)]

화해안은 명확한 문장으로 오해가 생기지 않도록 하는 것이 원칙이지만, 경우에 따라 임기응변으로 형식에 구애되지 않고 작성할 필요가 있다. 화해의 방향만을 합의하는 것에서 출발하는 경우에는, 그러한 취지의 화해를 하거나, 법원이 생각하고 있는 화해의 대강이나 화해의 골자 또는 지침을 제시하는 것으로도 충분할 것이다.

문제가 없는 조항은 명확한 문언으로 하고, 금액만 다툼이 있는 경

35) 한국에서는 화해권고결정제도(민소 225조 이하)가 있으므로 이를 이용하면 더욱 간편하고 효과적이다(역자 주).

우는 금액란을 공란으로 하여 화해안을 내고, 다툼 없는 부분을 확정시켜, 다툼 있는 곳에 한정하여 교섭함으로써 합의를 성립시키는 경우도 있다. 이렇게 함으로써 쟁점이 명확히 되고, 대화의 진전이 빨라지며, 재판이 곧 끝날 것이라는 사실을 당사자가 실감하게 되어, 화해 성립에 대한 의욕이 더욱 높아진다. 이러한 형태는 화해안의 일부를 공란으로 비워두므로, 필자는 '벌레 먹은 형(虫喰型)'라고 이름 지었으나, 공란에 최후에 합의한 금액을 적어 넣는 것이, 용의 눈을 그려 넣는 것과 같은 모양이어서, 원만히 성공을 거두어 쾌재를 부를 수 있는 단계에 이르면 이를 화룡점정형(畵龍点睛型)이라 부른다.

바. 경매와 같은 절차의 공평한 요소를 도입한다(경매형)

일반적으로 당사자들은 자기가 금전을 받을 입장에 있을 때는 조금이라도 많이 받으려 하고, 자기가 지급하는 입장에 있으면 조금이라도 적게 주려고 한다. 이래서는 교섭이 성립될 수 없으므로 당사자 모두에게 통용되는 객관적인 관점을 마련할 필요가 있다.

법원의 경매에 참가하는 사람들은, 각자 그 물건을 취득하고자 하는 동기가 있고 나름의 평가를 하고 있을 것이다. 그 사람들이 한 자리에 모여 가장 높은 가격을 쓴 사람이 물건을 취득하는 방식은, 각자의 개인적인 사정을 떠나 모두가 납득하는 객관적인 방법이라 할 수 있다. 이와 같이 경매의 정당성을 부여하는 객관적 관점을 화해에도 도입해 보자는 것이 경매형이다.

구체적인 예를 든다면, 토지를 1억원에 매매하는 계약이 체결되어,

계약금 2,000만원이 지급되었으나, 매도인과 매수인의 여러 가지 사정으로 등기와 대금지급이 늦어져, 소송으로 간 사례가 있다고 하자. 이러한 경우에 매도인은 계약금을 내줄 필요가 없다고 주장하고, 매수인은 계약금의 배액을 구하거나, 끝까지 등기의 이행을 구하는 것이 일반적이다.

법관이 화해안을 제시한다면, "1억원에 매매계약이 성립되었으니, 사유가 어찌 되었든 다시 처음으로 돌아가, 매도인은 등기를, 매수인은 잔금 8,000만원을 지급하는 것으로 원만히 해결하면 어떨까요"라고 하는 것이 보통이겠지만, 실제로는 이러한 화해안은 매도인이 수락하지 않는 경우가 많다.

부동산의 가격이 오른 경우에, 매도인은 "그 당시는 그 가격에 팔 수 있었지만, 현재로는 토지 가격이 20% 올랐으므로, 2,000만원을 추가로 주어야 넘겨줄 수 있다"고 말한다. 이 말을 매수인에게 전하면, 매수인은 "나는 1억원에 샀으므로, 절대로 추가로 지급할 수 없다"고 말한다. 다시 매도인에게 "당신이 토지를 팔고 싶지 않다면 해약금을 지급하면 어떨까요. 계약금 2,000만원과 토지 상승분 2,000만원 합계 4,000만원을 매수인에게 지급하면 어떨까요"라고 말하면, 매도인은 "말도 되지 않습니다. 내가 왜 토지 상승분 2,000만원을 지급해야 합니까"라고 하며, 교섭은 진행되지 않는다.

이 시점에서 발상을 전환하는 것이다. 당사자 모두를 불러서 "이 토지의 실질적인 가격상승이 어느 정도 되는지 나로서는 알 수 없다. 이 경우에는 토지를 더 가지고 싶은 사람이 상대보다 높은 가격을 붙여서 취득하는 것이 어떨까요"라고 말하며, 매수인의 추가금과 매도인의 해약금에 관하여, 두 사람에게 경매를 실시해 본다. 이 방법은 추가금과 해약금이 경매라고 하는 객관적 방법에 의하여 동일한 기반에 서게 되므로, 추가금을 높이 요구하거나, 해약금을 낮게 강요하는 교섭방법은 배제되고, 절차의 공정성이 보장된다.

이를 경매형이라고 할 수 있는데, 이 방법은 이웃 사이의 토지 분쟁에도 효과가 있다. 보통은 양쪽 토지 사이에 경계선을 그어 해결하지만, 계쟁지 전부를 쌍방의 경매에 부쳐서, 토지에 더 집착하는 당사자가 토지를 가지고, 그렇지 않는 당사자가 돈을 받는 방법으로 해결할 수 있기 때문이다.

민사집행법은 경매 이외에도 입찰의 방법도 규정하고 있다(114조). 이 또한 합리적인 방법이므로, 당사자가 합의한다면, 앞의 사례에서 타당한 금액을 결정할 때 입찰과 같은 방법을 써도 좋을 것이다. 법관이 입찰의 방법으로 오랫동안 지속되어 오던 산림분쟁을 화해로 해결한 사례가, 법률가 사이에서 독특한 해결방법으로 평가되고 있다는 신문기사가 있었다.

위에서 한 설명은 부동산의 가격이 계속 상승할 때에는 그대로 타당한 방법이지만, 현재는 부동산가격이 계속 하락하는 지역도 있어, 손실분을 어떻게 배분하느냐 하는 점이 문제가 되므로, 경매형을 그대로 적용할 수는 없는 경우가 많다. 이때는 파이가 축소되었으므로, 객관적 기준에 의한 배분이나 양식 있는 타협, 고통분담 등이 합의 성립을 위한 상황을 조성할 수 있다. 경매형은 파이가 커지는 상황에서 효과를 발휘하는 것이지만, 당사자의 자주적 해결 능력을 신뢰한다는 관점에서, 부동산 가격이 내려가는 경우에도 사용할 수 있도록 경매형을 개량할 필요가 있다.

사. 야구식 중재형

경매형이 효과가 없는 경우에, 레빈 小林久子씨가 소개한 야구식 중재를 해보는 것도 한 방법이다. 레빈의 "조정가이드북"(신산사, 1999) 93면을 인용한다.

> 미국 야구계에서 구단주와 선수 사이에 연봉 협상이 정체상태에 빠지면 중재로 해결책을 찾는 것이 관례가 되어 있다. 그러나 그 실시방법은 독특하여, 대화의 마지막에 서로 타당하다고 생각되는 보수액을 중재자에게 제출하고, 중재자가 그 중 하나를 선택하여 최종액을 결정하는 것이다. 이 방법의 장점은 지나치게 함부로 숫자를 제출하면 중재자의 선택에서 제외되므로, 구단주도 선수도 모두 자기가 제출한 숫자가 선택되도록 하기 위하여, 어느 정도 상대의 입장을 고려한 합당한 금액을 제출하게 된다. 이것이 야구식 중재이다.

이것은 상당히 효과적이고 재미있는 방법이라 생각한다. 위와 같은 방식의 화해가 원만히 진행되기 위한 전제로서, 법원이 타당하다고 생각하는 금액을 선택할 시점에서 사건이 종료되어야 하고, 이때 화해권고결정(민소 225조 - 232조)이나 조정에 갈음하는 결정(민사조정법 30조 이하)을 할 때, 당사자에게 공동신청을 하도록 하고, 화해나 조정조항을 결정하는 방식으로 야구식 중재 방법을 채용하는데 쌍방 당사자가 동의해야 한다. 다만 그렇게 하면 적용할 수 있는 사건이 한정되므로, 이를 좀 더 가볍게 당사자의 교섭에서 사용할 수 있도록 간편한 제도로 개량할 필요가 있다.[36)]

※ 부대조건부 최종제안형

廣田尙久 변호사는 야구식 중재를 개량하여 부대조건부 최종제안형의 조정 · 중재를 제안하였다.[37)] 아래에서 그의 글을 소개한다.

(그러나 이러한 야구식 중재는) X의 최종제안이 반드시 Y의 최종제안을 상회한다는 것을 전제로 하는 것이므로, 이는 서구식 감각을 기초로 하고 있다. 이에 대하여 X의 최종제안이 Y의 최종제안보다 낮을 수 있다는 것이 동양인의 감각일 것이다. 그래서 나는 이러한 최종제안중재에 X의 최종제안이 Y의 최종제안보다 낮을 때에는 그 중간값을 가지고 중재판단을 하는 부대조건을 붙이는, 말하자면 새로운 방법의 최종제안중재를 제안하였다. 이렇게 한다면 당사자는 마음껏 최종제안을 할 수 있고, 양쪽의 최종제안이 서로 접근한다면 납득하기 쉬운 합의가 가능해질 것이다.

廣田尙久 변호사는 그 후 몇 개의 사건에서 부대조건부 최종제안형을 적

---

36) 분쟁처리의 방식은 아니지만 독창적인 절차상의 방식을 도입함으로써 양 당사자가 만족하는 거래를 할 수 있는 사례-**차순위 가격 입찰방식**-를 소개한다. 우표의 입찰에서 최고가격 입찰자가 우표를 낙찰받지만, 그가 써낸 가격이 아닌 차순위 입찰자가 써낸 가격을 지급하면 되는 방식이 있다. 입찰에 참가하는 사람들은 우표를 사고 싶지만 필요 이상으로 지급하는 것을 원하지는 않으므로, 가격을 올리는데 주저하는 경향이 있다. 그러나 위의 방식을 취하면 자신이 제시한 가격을 지급할 필요가 없으므로 안심하고 비교적 높은 가격을 제시할 수 있다. 그리고 낙찰자는 자신이 제시한 가격 이하로 우표를 구매할 수 있으므로 매우 만족한다. 결국 우표 판매자는 일반입찰에 비교하여 낮지 않는 가격에 판매할 수 있고, 구매자 역시 구매가격에 만족하는 결과를 가져온다(Roger Fisher, 앞의 책 182면).

37) 廣田尙久, 분쟁해결학(신판), 信山社, 2002년, 358면 참조

용해 보았는데, 그 중에는 실제로 X의 최종제안이 Y의 최종제안보다 낮은 예가 있었다는 말을 필자도 들었다. 이 방법이 매우 훌륭하다는 생각을 하지만, 필자 자신은 이 방법을 적용하기에 적합한 사건을 만난 적이 없어 유감이다. 법관, 조정위원, ADR절차의 관계자 분들께서는 이 방법을 꼭 한번 도전해보라고 말씀드리고 싶다.

6. 당사자 합의의 도출방법

(1) 기 본 형

○ 완전한 합의를 도출하도록 할 것

당사자의 합의를 도출하는 경우에, 완전한 합의를 도출하도록 하는 것이 기본형이라는 점은 두말할 나위가 없다. 이를 위하여 당사자들 사이에 계속적인 대화가 필요하지만, 당사자들에게는 여러 가지 비합리적인 감정이 있어, 이치에 맞게 진행되지 않거나, 교섭에는 흥정의 요소가 있으므로, 당사자의 표면상 의사표시와 내심의 진정한 의사가 일치하지 않는 경우도 많아, 법관의 생각대로 되는 것은 아니다. 그 때문에 여러 가지로 연구할 필요가 있고 아래에서 보는 응용형이 필요하다.

(2) 응 용 형

가. 상대방이 법원안을 받아들이면 자신도 받아들이겠다는 조

건부 합의를 하도록 한다(조건부 동의형)

합의가 성립하기 위하여는 당사자 쌍방의 의사 합치가 필요하지만, 보통은 개별적으로 의사를 확인하기 때문에, 동시에 당사자 쌍방이 의사표시를 하지는 않는다. 그 때문에 어느 한 쪽이 먼저 의사표시를 해야 하지만, 먼저 의사표시를 하는 쪽으로서는 상대의 의사가 확실하지 않은 상태에서 자기부터 먼저 확정적인 의사표시를 하는 것은, 전략상 상대방보다 불리하다고 생각할 수 있다. 그러므로 자기가 먼저 법원안에 동의한다는 것에 저항이 있기 마련이다.

당사자 중에는 자기가 법원안에 동의하더라도 상대방이 이에 응하지 않는 것은 감정적으로 자존심이 상한다고 말하는 사람도 있다. 이러한 사람은 자기로서는 법원안에 동의하고 싶지만, 상대방이 거부할 것이라고 생각되면, 자기가 먼저 거부하는 경우도 있다.

따라서 법원안을 제시하여 설득하는 경우에, 완전한 동의를 얻으려 하지 말고, "법원이 상대방을 설득하고 있으므로, 상대방이 법원안에 동의하면 당신도 이를 받아들이세요"라고 설득하는 쪽이 원만한 해결 방법이 될 수 있다. 상대방에 대하여도 같은 방법으로 설득한다면, 이러한 조건부 승락을 당사자 쌍방이 하게 되는데, 이 경우에도 이 둘이 합치면 완전한 합의가 성립하므로 이 역시 불합리한 방법은 아니다.

※ 필자가 변호사가 된 후에는 소송대리인으로서 화해에 관여한 적이 있다. 법원의 화해안 중에는 필자도 의뢰인도 납득할 수 없는 것도 있었으나, 상대방이 법원안을 따르겠다고 하는 경우에 이를 거부하는 것이 현실적으로 쉽지 않아, 상대방이 받아들이는 경우에는 이쪽도 그에 따르겠다고

회답함으로써, 결과적으로 화해가 성립하는 경우도 있었다.
이러한 경험에서 볼 때, 조건부 동의형은 변호사 입장에서 의뢰자가 충분히 만족하지 않더라도 의사표시를 쉽게 할 수 있는 방법이 될 수 있다. 원래 원하는 내용의 화해는 아니더라도, 자신의 주장 내용이 어느 정도 인정되는 것을 전제로 한 차선책의 화해라면 이를 받아들이는 편이 좋은 경우가 많이 있다. 완전히 만족하지는 않는다는 심경을 표현함으로써 당사자의 불만을 법원에 표시하여, 당사자가 차선책인 화해안을 받아들이기 쉽게 할 수 있다.

나. 상대방이 법원안을 받아들이는 때만 자신이 법원안을 받아들였다는 것을 알게 하는 방법을 당사자 쌍방에게 절차적으로 보장한다(투표형)

이 방법은 당사자가 구체적인 교섭에 나서지 않던가, 쌍방이 모두 원칙만을 주장하며 본심을 말하지 않아서, 교섭이 제대로 진척되지 않는 경우에 사용한다. 이 방법은 투표로 해결한다는 점에서 '투표형'이라 부른다.

어느 집이 집안에 아무도 없는 사이에 불이나 모두 타버린 사건이 발생하였는데, 어느 전기제품에서 발화의 의심이 있어, 그 제조회사가 피고가 된 사건이 있었다. 화해절차에 들어갔으나, 피고의 대리인은 "피고 회사는 화해는 나서겠지만 화해금액의 교섭은 하지 않겠다. 얼마까지는 괜찮다거나 하는 언급을 일체 하지 않겠다"고 하였다.

피고대리인이 노리는 바는 대충 느낌으로도 알 수 있다. 얼마간의 금액이라도 지급하겠다고 일단 말하고 나면, 그 금액까지는 피고가 책임을 인정한다는 취지로 상대방이 받아들여, 그 금액을 지급하는 것은 당연한 전제가 되고, 그 후에는 금액을 증액하는 협상을 할 수밖에 없다는 경계심 때문이다. 거기다 피고 대리인은 "나는 대리인이 불과하여 의사결정은 본사가 하므로 내게 일체 결정권이 없다"고 말하였다.

이래서야 화해는 성립될 수 없다. 이때 발상을 전환하여 피고가 우려하는 흉정을 방지할 수 있는 방법으로 생각한 것이 투표형이다.

그 방법은, 먼저 법원이 명확한 화해안을 서면으로 준비하여, 이를 당사자 쌍방에게 교부한 후, 다음 기일에 그 회답을 듣는 것인데, 그 회답은 법원이 준비한 투표용지에 승낙한다면 ○, 승낙하지 않으면 × 이라고 표시하여 그것을 투표상자에 넣도록 하는 것이다. 양쪽 모두 ○이면 화해가 성립하지만, 한쪽이라도 ×가 있으면 불성립이 되고, ××든, ×○든 이를 당사자에게 알리지 않고, 화해절차를 중단하는 것이다.

이 방법은 자기가 ○으로 표시한 경우에, 화해가 성립하지 않으면 상대방이 거부하였다는 사실을 알 수 있으나, ×로 표시한 경우에는 상대방이 승낙하였는지 알 수 없다는 점이 특징이다. 법관 역시 어느 쪽 당사자가 ○인지 ×인지 알 수 없다.

위 사건에서 실제로 투표를 하여 보니 둘 다 모두 ○으로 나왔다. 결과를 들은 당사자 모두가 얼굴에 안도의 표정을 지으며, 매우 화기애애한 분위기로 사건이 종결되었다.

이 사건은 당사자 쌍방의 대립이 격화되어 있던 사건이라, 처음에는 제대로 화해가 성립될 것으로 예상하지 못하였는데, 끝나고 보니 당사자로서는 적당한 시기에 분쟁이 해결되기를 바라고 있었던 사실을 알 수 있었다.

이와 같이 당사자가 '예스'라고 말하지 않는 경우에는, '예스'라고 말하기 어려운 사정이 있기 마련인데, 이러한 장해사유를 제거하는 방법을 고안하여 화해가 성립되도록 노력하는 것이야말로 법관의 임무이다. 어떻게 하면 쌍방이 솔직하게 자기의 의사를 전달할 수 있을 것인가를, 철저하게 당사자의 입장이 되어 생각해보아야 한다.

이와 같은 투표형이 성공하기 위해서는, 그 전에 착실하게 기본형에 따라 당사자와 대화하는 노력이 쌓여야 한다. 당사자의 이야기를 제대로 듣지 않고 법관이 화해안을 제시한 후, "자, 투표하세요"라고 하더라도 성공할 가능성이 없다. 이러한 투표형은 의식적(儀式的)인 요소가 있고 긴장감이 있으나, 이를 사용하기까지 분위기를 만드는 것이 매우 힘든 일이기 때문에, 가벼운 마음으로 사용할 수는 없어, 보통의 사건에서는 이용하기 어렵다. 보통은 투표형의 장점을 살리면서, 약식화하여 가볍게 할 수 있는 간편한 방법을 사용할 수 있을 것이다.

한 가지 방법은 화해안을 제시할 때, 당사자 쌍방에게 상대방에 대하여는 화해안에 관한 승낙여부를 알려주지 않고, 당사자 쌍방이 모두 동의가 있을 때만 화해가 성립한다는 조건을 붙이는 것이다. 이렇게 하면 법관에게는 당사자가 동의하였는지 여부를 알 수 있어서 투표형과는 다르지만, 당사자 상호간에는 알 수 없으므로 이 점에서 투표형과 같다. 이러한 방법이라도 어느 정도의 흥정을 방지하는 효과가 있다.

좀 더 간략하게 하는 방식으로는, 화해안을 제시하기만 하고, 바로 화해절차를 중단하고 변론으로 돌아가지만, 화해안에 동의하는 경우에는 법원에 전화를 하거나, 면접하거나 하여 의사를 전달하여 달라는 조건을 붙이는 것이다. 그리고 당사자 쌍방이 동의할 때에는, 그 시점에서 다시 화해기일로 들어가는 것이다.

이와 같은 변형적인 방법은 성공률이 높지는 않지만, 화해가 난항에 부닥쳤을 경우에는, 안 되더라도 어쩔 수 없다는 생각으로 화해의 씨만이라도 뿌려 놓는 방식의 하나다. 가끔은 성공하기도 하고, 한쪽만 동의를 한 경우에도, 그 후에는 남은 쪽을 설득하면 되므로, 목표가 압축되는 효과가 있다.

7. 화해안의 유형

이는 필자가 지금까지 성립시킨 화해안을 유형화한 것이다. 이러한 유형도 앞에서 설명한 설득기술, 화해안의 도출 방법, 합의 도출 방법에 관한 기본형을 착실히 이용함으로써 비로소 효과를 볼 수 있다는 점을 잊어서는 안 된다.

(1) 기 본 형

화해안의 기본형은 당사자의 대립이 합의로 가는 가장 기본적이면서도 단순한 것으로 다음의 3가지 유형이 있다. 모두 당사자 양쪽이 서로 양보하는 내용으로 되어 있다.

화해의 이미지를 상호 양보를 중심으로 생각하는 입장에서 볼 때, 이 유형의 화해안이 그 내용의 거의 전부를 차지할 것이다. 다만 합의 중심의 이미지로 화해를 생각하는 경우에도, 우선은 단순한 것으로부터 시도해야 하므로, 양쪽이 서로 양보하는 형태가 기본형이 되는 것은 마찬가지다.

가. 기한유예형

기한유예형은 기한이 도래하여 이행지체에 빠진 채무자에 대하여, 즉시 이행을 명하여도 당장 돈이 없어서 이행이 불가능할 때, 채무의 이행이 가능하도록 기한을 연장시켜주는 것이다. 이것은 일반적으로 가장 흔하게 사용하는 화해 형태로서, 시간이 걸리더라도 의무는 다해야 한다는 발상에 따른 것이다.

나. 분할변제형

기한을 유예하여 주더라도 일시에 지급할 수 없는 경우에는 채무를 여러 횟수로 분할하여 지급이 가능한 금액으로 조금씩 지급하게 하는 것이다. 소송까지 이른 경우, 채무자가 금전적으로 궁박한 경우가 많아, 대개의 경우 이러한 분할변제형을 이용한다.

이 경우 금액을 균등하게 분할하는 경우가 보통이지만, 채무자의 경제상태가 극도로 궁박한 경우나 다중채무자인 경우는, 현재 상태가 가장 어려운 시기이므로, 최초의 시작을 가볍게 해줄 필요가 있다. 분할금액을 장래를 향하여 점점 증액하거나, 상여금을 받을 때 증액하거나, 지급의 개시시기를 늦춰 주는 방법을 예로 들 수 있다.

※ 중국 고사에 '조삼모사(朝三暮四)라는 말이 있다. 표준국어대사전의 설명은 아래와 같다.[38)]

---

38) 네이버 국어사전에서 인용함. 출전은 열자(列子)의 황제편(黃帝篇)이다. 한편 조삼모사는 눈앞의 차이에만 현혹되어 같은 결과가 되는 것을 알아차리지 못하는 어리석음을 나타내는 말이기도 하다.

간사한 꾀로 남을 속여 희롱함을 이르는 말. 춘추시대 중국 송나라의 저공(狙公)의 고사로, 먹이를 아침에 세 개, 저녁에 네 개씩 주겠다는 말에는 원숭이들이 적다고 화를 내더니 아침에 네 개, 저녁에 세 개씩 주겠다는 말에는 좋아하였다는 데서 유래한다.

지금까지는 이 말이 세치 혀로 사람을 속이거나 짧은 시야를 가진 인간의 어리석음을 나타내는 말이었다. 그러나 필자는 조삼모사라는 말에서 우리가 배워야 할 의미가 들어있다고 생각한다. 즉, 아침에 3개인가 4개인가 하는 것의 차이를 사람들은 크다고 생각한다는 점, 아침에 이행되었다 하더라도 저녁에는 이행된다는 보증이 없어, 결과가 동일하다고는 말할 수 없다는 점을 고려해야 한다는 점 및 이러한 차이를 크다고 생각하는 감각이 합당한 화해안을 창안해내는데 중요한 요소라는 점이 조삼모사가 가진 또 다른 의미라고 생각한다. 필자가 앞에서 당사자가 화해안을 받아들이지 않는 경우에는 이를 밀어붙이지 않고 같은 종류의 대안을 제시한다고 말을 했는데, 이것 역시 새로운 의미의 조삼모사를 적용한 사례의 하나라 할 수 있다.

다. 일부감액형

앞의 2가지 유형은 채무 전액을 갚는 것을 기본으로 하고 있으나, 채권의 존재에 의문이 있거나, 신원보증인과 같은 경우, 원고와 피고 모두 피해자인 경우 등에는, 채무 전액을 이행하게 하기보다는 일부를 감액하는 것이 공평하다. 이 경우에 감액하는 것이 실질적 정의에 부합하므로 그다지 불만은 없을 것이다.

이러한 경우에는 채무 일부를 감액하는 화해를 한다. 감액은 이자, 손해금만을 감액하는 경우와 원금도 감액하는 경우가 있다. 보통은 앞에서 본 3가지 유형이 단독으로 이용되기 보다는, 사안에 따라 이들을 조합하여 화해안을 낸다.

문제가 되는 것은 금융기관에 대한 보증인이나 채무초과가 현저한 채무자의 경우이다. 금융기관은 채권회수를 지상명제로 삼고 있으므로, 좀처럼 양보하지 않고, 보증인에 대하여도 엄격하게 추급한다. 물론 보증인이 주채무자와 동일한 책임을 지는 것은, 법적으로 볼 때 정당하지만, 보증인이 보증을 하게 된 사정은 천차만별이므로, 일률적으로 채무자와 동일한 책임을 지게 하는 것은 타당한 해결책이 아니다. 보증인에 대하여는 보증을 한 상황, 주채무자와의 관계, 보증인의 자력에 따라, 책임을 합리적인 범위로 제한하여 화해안을 낼 필요가 있다.

채무초과가 현저한 다중채무자는, 현재 상황에서 최대한의 성의를 보이는 범위에서 화해를 하고 잔액은 면제해야 한다. 이 점에 관하여는, 자기가 한 행위의 책임은 마지막까지 이행해야 한다는 견해도 있을 것이나, 이러한 채무자가 파산자가 되고 면책결정을 받는 것과 비교하여 냉정하게 검토한다면, 이행가능한 금액으로 감액하는 화해는 합리적이고 정의에 반하는 것은 아니다. 오히려 채무자로서도 안이하게 파산자가 되어 면책을 받으려 하기 보다는 조금이라도 채무를 변제하려는 태도가 성의 있는 행동이라고 할 수 있다.

채무를 감액하는 화해는 지금까지 해온 화해의 태반을 차지하면서, 일반인들로부터 백안시되고, 나아가서는 판결과 비교할 경우, 화해 전체의 평가를 떨어뜨린 요인이 된 것은, 채권자의 권리를 억제한다는 점에 있다. 자신을 화해주의자라고 생각한다면, 감액하는 화해를 성립시킬 때, 그 화해가 전액 이행을 명하는 판결보다 사회적으로 볼 때도 타당한 해결책이라 말할 수 있어야 한다.

(2) 응 용 형

당사자와 대화를 반복하며 성의를 가지고 끈기 있게 노력하여도, 화해가 되지 않는 경우는 2가지를 생각할 수 있다.

하나는, 당사자가 겉으로는 화해할 의사가 있는 듯이 보이지만, 실제로는 화해의사가 없는 경우이다. 또 하나는, 당사자에게는 진실로 화해할 의사가 있으나, 쌍방이 지나치게 강경한 태도로 교섭하여 합의에 이르지 못한 경우이다.

전자의 경우는 일단 화해를 중단해야겠지만, 후자의 경우에는 발상을 전환하여 쌍방이 받아들일 수 있는 화해안을 만들어야 한다. 응용형은 발상을 전환하여 성공한 사례를 유형화한 것이다.

가. 금전지급형

대부분 사건의 화해에서 합의 내용 중에는 금전지급 조항이 있다. 금전지급의 경우에 기본형으로 앞에서 나온 기한유예형, 분할지급형, 일부감액형이 있고, 이들을 단독으로나 함께 사용하는데, 단순하게 만들어서는 잘 되지 않는 사례도 많다. 이러한 경우에는 여러 가지 방식의 응용형이 필요하다.

① 일부 변제 후 면제형

원고가 1,000만원을 지급하여 달라고 요구하고, 피고는 500만원을 주겠다고 하는 사례를 생각해보자. 당사자가 협의하여 서로 접근을 하였으나, 원고가 900만원, 피고가 700만원까지 접근한 후 더 이상의 양보가 없는 경우를 생각해보자.

앞에서도 언급하였지만, 화해안의 도출방법에서 기본형은, 당사자의 요구를 듣고 서로 조정하지만, 그래도 되지 않으면 직권안을 내어야 한다.

이 경우, '더하여 둘로 나누는 방식'을 사용한다면, 800만원의 직권안이 나온다. 물론 이러한 화해안으로도 화해가 성립하는 경우가 있으나, '더하여 둘로 나누는' 방식은 달리 방법이 없는 경우에 최후의 상황에서만 사용해야 한다. 이 경우에 사용할 수 있는 것이 일부 변제 후 면제형이다.

그 내용은, 피고에게 900만원의 지급의무가 있다는 사실을 인정케 하고, 그대신 피고가 700만원을 지체 없이 지급할 때는, 원고는 잔액을 면제하지만, 피고가 이행을 지체하여 기한의 이익을 상실한 때는, 900만원에 손해금을 부가하여 지급한다는 것이다.

이때 당사자의 심리를 생각해보면, 원고는 피고가 정말 지급한다면 700만원이라도 괜찮지만, 700만원으로 내려가면서 이행까지 되지 않는 것은 허용할 수 없다는 생각을 가지고 있다. 한편 피고는 자신은 진정으로 700만원을 지급하려고 하는데도, 상대방이 자신의 이행 여부를 의심하고 있는 것을 유감스럽게 생각하고 있다.

그러므로 900만원의 이행의무가 있다는 사실을 피고가 인정하고,

700만원을 지급한 후에 잔액을 면제한다는 것은, 원고로서는 만약 피고가 이행하지 않을 때는, 900만원에 관하여 집행권원이 생겨서 만족할 수 있다. 또한 피고로서도 700만원을 진정으로 지급할 생각이므로 이행하지 않는 경우에 900만원에 관한 집행권원이 생긴다는 조건을 붙이더라도 전혀 두렵지 않다.

이 방식은 당사자 쌍방의 심리상태와 자연스럽게 합치하므로 무리가 없다. 또한 화해안의 내용을 보더라도, 피고가 성실하게 채무이행을 한 경우가, 이행하지 않은 경우보다도 유리한 내용으로 되어 있으므로 정당한 방식이다.

다만 이 방식도 처음부터 사용하면 안 된다. 당사자와의 대화를 여러 번 반복하면서, 착실하게 당사자 쌍방의 주장 차이를 좁힌 후에, 더 이상 진전이 없을 때 비로소 사용해야 한다.

당사자와의 대화를 계속하지 않고, 처음부터 "당신은 1,000만원, 상대방은 500만원이니, 1,000만원을 인정하고, 그 중 500만원을 지급하면 잔액은 면제한다는 안은 어떤가"하고, 쉽게 결정하는 것은 바람직하지도 않고, 해봐야 성공하기 어렵다.

② 위약금형

대부분의 경우에 일부변제후 면제형으로 처리되지만, 당사자들 중에는 여러 가지 타입이 있기 마련이고, 면제된다는 것이 마치 상대방의 은혜를 구걸한다는 생각이 들어서 싫다는 사람도 있다. 그런 사람에게 일부변제후 면제형을 고집할 필요는 없다.

면제된다는 표현을 싫어하는 사람에게는, 먼저 700만원의 지급의무를 인정하게 하고, 이행하지 않는 경우에는 위약금 200만원을 가산한 900만원에 지연손해금을 가산하여 지급하라고 하는 것과 같이 약간 변화를 주면 된다.

결과적으로는 일부변제후 면제형과 같지만, 타당한 화해안은 여러 개 존재하므로, 하나의 화해안으로 해결되지 않으면, 바로 같은 종류의 다른 안을 준비한다는 화해기술의 실제 적용사례 중 하나다. 언뜻 보면 뻔한 말장난으로 생각하는 사람도 있을지 모르지만, 모든 사람들이 각자 개성을 가지고 있는 주체라는 사실을 받아들인다면, 각자의 심정을 최대한 고려한 메뉴를 제공하는 것은 바람직한 태도이다. 일부변제후 면제형의 메뉴도 위약금형의 메뉴를 배경으로 갖추고 있음으로써 완전한 것이 된다.

③ 연대 면제형

연대채무는 어느 채무자로부터도 전액을 변제받을 수 있다는 점 때문에 채권자들이 널리 이용하고 있다. 예를 들어 3,000만원의 채무에 관하여 A, B, C 3사람이 채무자인 경우에, 연대특약이 없으면 분할채무로 해석되므로, 각 채무자에게 1,000만원씩밖에 청구할 수 없지만, 연대채무라면 A, B, C 누구에게라도 3,000만원 전액을 청구할 수 있다.

그러나 바로 여기에 커다란 문제점이 있다. 즉, A, B, C 3사람의 입장에서 볼 때, 자기의 부담부분인 1,000만원을 지급하는 것은 어쩔 수 없다고 하더라도, 다른 2사람은 지급하지 않고, 자기만 3,000만원을 지급해야 한다면 누구든 억울하게 생각할 것이다. 3명 모두 같은 생각으로 이행할 의욕이 사라질 것이다. 편리하게 보이는 것이 실제로는 채무자의 이행의욕을 약화시키는 부정적 역할도 하는 것이다.

이 경우에 발상을 전환한다면, 연대를 면제하는 것이 채무자의 이행의욕을 높일 수 있다. A, B, C 각자가 1,000만원씩 지급하는 것으로, 채권자는 전액 3,000만원을 받으면 된다는 발상이 포인트이다. 채권자가 채무자의 이행에 관하여 강한 불안을 나타낼 때는, 앞에서 본 일부 변제후 면제형을 여기에 응용하여, A, B, C 각자가 3,000만원을 지급할 의무를 인정하지만, 각자 1,000만원을 변제하면 잔액이 면제된다는 방식이 될 것이다.

이렇게 하면 어떻게든 1,000만원을 조속히 지급하면 그것으로 채무관계가 종료되지만, 이를 지체하면 3,000만원의 채무를 질 수도 있으므로, 채무자에게 자력이 있는 한 1,000만원은 반드시 이행하려 한다. A, B, C 사이에 자력의 차이가 있으면, A는 1,500만원, B는 1,000만원, C는 500만원으로 채무자 사이에 차이를 둘 수도 있다.

공동불법행위라고 하여 서로 관련이 없는 사람들을 한꺼번에 공동피고로 하여 청구하는 사례가 많다. 이러한 경우에는 피고 사이에 전혀 신뢰관계가 없고, 대리인도 다른 경우가 많으므로, 이러한 연대면제형을 사용하여 교섭 가능한 피고와 사이에 적당한 금액으로 화해시키면, 남은 피고도 다른 피고의 몫까지 부담하게 되면 불리하다고 생각하여, 차례차례 화해가 성립될 수 있다. 중요한 것은 빨리 화해하는 사람이 유리하다고 생각하게끔 분위기를 만드는 것이다.

④ 담보취소형

당사자에 따라서는 장기로 분할하여 채무를 지급할 수밖에 없지만,

그것이 원고에게는 불만인 경우가 있다. 그렇다고 하여 판결을 받았다고 하여 회수할 수 있는 가망성이 없으므로, 결국 장기분할안을 원고로 하여금 받아들이도록 하는 수밖에 없다.

이러한 경우에, 가압류가 미리 되어 있고 담보로 금전이 공탁되어 있으면, 가압류는 그대로 존속시키면서, 피고에게 담보취소의 동의를 하도록 하는 방식이 있다. 이것이 바로 담보취소형이다. 이렇게 하면, 가압류는 계속 존재하므로 원고로서도 마음을 놓을 수 있고, 담보로 제공된 금전을 돌려받을 수 있으므로, 이를 운용할 수 있다.

가압류를 한 채권자로서는 담보를 사용하지 못하도록 동결하는 것은 그 자체가 손해이므로, 이러한 담보취소형은 채권자에게 이득이 되는 방식이다.

⑤ 자연채무형

재판상 화해에서 화해조서 중에 이행(급부)조항이 있는 경우, 그것이 집행권원이 되는 것은 당연하고, 채무자가 이행하지 않는 경우에 강제집행할 수 있음은 두말할 나위가 없다. 그런데 강제집행을 할 수 없도록 하는 것이 자연채무형이다.

상대방이 채무를 이행하지 않기 때문에 원고가 재판까지 하는데, 이와 같은 방식이 필요한가 하는 의문이 들 수 있다. 그러나 실제 분쟁의 내용은 천태만상이고 당사자의 감정도 가지각색이다.

가까운 친족 사이에 금전을 청구하는 재판을 하는 경우에, 억울하지만 이대로 참고 넘어갈 수는 없다는 감정에서 소를 제기하는 사례가 많고, 강제집행까지 하려는 생각은 없는 경우도 있다. 채무자로서는 손해를 끼쳐서 미안하게 생각하면서도, 생활 형편상 본의 아니게 다툴 수밖에 없는 입장이 된다. 이러한 경우에는 차용증과 같은 명확한 증거도 없는 경우가 많아, 피고가 다투면 증명하기가 상당히 성가시게 된다. 이것이 채권자의 감정을 더욱 격화시킨다.

그러므로 이러한 경우에는 채무자가 채무의 존재를 깨끗하게 인정하고 지급을 약속하는 것이, 채권자의 감정을 누그러뜨릴 수 있는 가장 좋은 방법이다. 그리고 솔직히 채무자의 형편을 이해시키고, 돈이 생기면 갚는다거나, 강제집행을 하지 않는다는 취지의 합의를 하는 것이다. 이러한 형태의 화해안을 채권자는 의외로 흔쾌히 받아들인다.

교과서에는 강제집행하지 않는다는 합의도 유효하다고 쓰여 있다. 교과서를 공부하는 학생들로서는 이런 멍청한 합의를 하는 사람이 있을까 하는 의문을 품는 것이 당연하다. 그러나 당사자가 친척이나 특수한 관계에 있는 때에는, 이러한 해결방법이 가장 바람직할 수도 있다.

특수한 경우이지만, 채권의 포기를 합의하려는 경우에, 감정상 포기할 수 없는 경우가 있다. 이때에도 채권의 존재와 이행 약속은 받아내고, 강제집행은 하지 않기로 합의함으로써, 간접적으로 실질적인 포기를 하는 경우도 있다.

강제집행을 하지 않는 합의까지는 아니지만, 실질적으로는 집행할 의사가 없는 경우에는, 급부조항을 넣지 말고, 확인조항만을 넣은 경우도 있다. 이 경우에는 다시 이행청구를 하면 이행판결을 취득할 수 있다.

⑥ 조기이행 증액형

건물철거나 토지·가옥의 인도사건과 같은 경우에는, 채무자가 자발적으로 이행하지 않으면, 강제집행이 상당히 성가신 절차가 된다. 물론 못할 바는 아니지만, 비용과 시간이 들고, 기분도 그다지 깔끔하지 않다.

이와 같은 사건에서 채무자의 입장은 조기에 이행하려고 하여도, 대체 토지나 가옥이 미리 준비되지 않으면 인도하고 싶어도 할 수 없다. 그래서 가령 6개월 정도면 이행이 가능하다고 생각하더라도, 여유 있게 그 2배인 1년 정도를 요구하곤 한다.

이에 대하여 채권자는 이러한 채무자의 태도를 보고, 노력해서 찾아보면 3개월 정도면 할 수 있는데도, 채무자가 인도할 의사가 없어서 그렇게 나온다고 생각하여 불신감이 증폭된다.

이러한 경우에는, 인도의 유예기간은 채무자가 말하는 대로 하면서, 이사비용은 좀 낮게 설정하고, 예정된 기간보다 빨리 명도하면 할증금을 받고, 지체하면 할증금의 배액 정도의 손해금을 지급하는 방식으로 정하면 된다.

예를 들면, 1년 후에 인도하는 경우의 화해금(이사비)을 5,000만원으로 하되, 1개월 빨리 명도하면 1개월에 500만원의 할증금을 받고, 1개월 지체하면 지체하는 달마다 1,000만원의 손해금을 지급하는 식이다. 그렇게 하면 6개월만에 명도하면 3,000만원이 가산되어 8,000만원을 받을 수 있어, 채무자로서는 조금이라도 빨리 인도하려는 의욕이 생긴다.

이와 같이 채무자에게 무언가 이행토록 하는 것이 핵심적인 내용인 경우에는, 본래의 기한은 화해금이 낮은 대신 여유 있는 기간을 설정하고, 거기에 더하여 조기에 이행하면 할증금을 붙이는 것이, 채무자의 이행의욕을 높일 수 있다. 요컨대, 빨리 이행하는 쪽이 이익이라고 생각하도록 만드는 것이 중요하고, 이러한 방식은 물건인도사건 이외에도 응용할 수 있다.

※ 쟁점별 전부 인정형

예를 들어 당사자쌍방이 적극적으로 금액과 기한을 따로 주장하는 사안에서는, 쌍방의 주장을 쟁점별로 하나씩 정리하는 방법이 있다. 예를 들어 건물인도사건에서 피고가 이사비 3,000만원, 유예기간 3년을 주장하고, 원고는 이사비 1,000만원, 유예기간 1년을 주장한다고 하자. 이 경우에 이사비 2,000만원, 유예기간 2년이라는 중간치를 제시하는 것이 아니라, 쌍방의 주장을 서로 교차하여 쟁점별로 각각 받아들이는 것이다. 다시 말해서 유예기간을 3년으로 하면 이사비는 1,000만원으로 하고, 유예기간을 1년으로 하면 이사비를 3,000만원으로 하는 것이다. 그리고 유예기간의 중간에 건물인도가 이행되면 그 기간의 비율에 따라 금액을 증액하는 것으로 조정한다.

이와 같이 쌍방 주장의 중간점을 기준으로 하지 않고, 조건부로 한 쪽이 바라는 금액을 모두 받아들이는 방법은 일부변제후 면제형이나 야구중재형에서도 볼 수 있지만, 이 방법 역시 의외로 효과가 있다고 한다.

나. 부동산 취득형

토지와 건물 등 부동산의 취득에 관하여 분쟁이 일어난 경우에, 이를 해결하기 위해서는, 그 부동산을 당사자 중 누가 취득할 것인가가 먼저 기본형이 된다. 부동산을 취득하지 않는 쪽은 그 보상으로 금전을 받도록 한다.

이 경우 한쪽이 부동산을 원하고, 다른 쪽이 금전을 선호하는 때에는 별 문제가 없지만, 둘 다 부동산이나 금전을 원하는 경우에는 문제가 어려워진다. 금전에 관한 다툼이 있을 때는 앞에서 말한 경매형을 사용하면 되지만, 금전을 지급할 여유가 없거나, 둘 다 부동산에 집착하는 경우는 가장 해결이 어렵다.

① 분 할 형

당사자 모두 토지에 대한 집착이 강한 때는, 금전으로 해결할 수 없으므로, 토지를 과감히 현물로 분할한다. 물건의 평가는 객관적으로 결정되기보다는 당사자의 주관에 따라 달라지는 것이다. 당사자가 모두 하나의 물건에 강한 집착을 보일 때, 이를 그 중 한 사람에게 모두 주는 방법으로는 해결할 수 없고, 둘 다 양보하지 않는 때는, 한쪽이 취득케 하는 것보다는 분할해주는 것이 원칙이다.

당사자가 모두 같은 건물에 집착하는 때는, 원칙으로 현물분할은 할 수 없지만, 구조상 분할이 가능한 건물도 있어, 분할할 수 없다고 처음부터 단정해서는 안 된다. 따라서 먼저 분할이 가능한지 검토할 필요가 있다.[39)]

현물분할이 가능하다면 어떻게 분할할 것인가가 문제가 된다. 원고와 피고 두 사람이 평등하게 분할하는 경우에는 앞에서 본 케이크 분배와 같은 응용적 선택형이 좋은 방법이다.

---

39) 주의할 것은 화해조항을 작성하기 전에 특히 건물을 분할하는 경우에는 반드시 건축물관리대장을 구분소유건물로 변경하여 그에 따라 분할해야 한다. 그리고 토지의 경우에도 지적공사에 미리 측량을 하여 즉시 분할이 가능하도록 하여 화해조항을 작성하도록 해야 한다. 그렇게 하지 않으면 화해를 하고도 한 쪽이 이행을 하지 않는 경우에 집행이 되지 않아 새로운 분쟁이 발생할 수 있다(역자 주).

2사람이 아니라 3사람 이상인 경우에 평등하게 분할하는 좋은 방법이 있는가는 아직도 연구대상이다.

이에 대하여 太田勝造 교수의 '민사분쟁 해결절차론' 215면(신산사, 1990)을 인용한다.

> 3명 이상에게 평등하게 나누는 방법은, 信州대학의 中村義作 교수가 일본경제신문 칼럼 '생활 속의 수학'에 소개되어 있다(1984. 2. 9). 먼저 제비뽑기로 3사람 중에서 1사람을 뽑는다. 그 사람은 자기가 가져갈 것을 지정한다. 그렇게 지정된 것에 대하여 다른 2사람의 이의가 없으면, 그것이 그 사람의 몫이 된다. 이의가 나오면, 이의한 사람이 최초의 사람이 지정한 몫의 일부를 삭감하여, 그것을 자기의 몫으로 지정해야 한다. 이때 이의가 나오면 같은 방법으로 이의를 한 사람이 다시 이를 삭감하여 이를 자기의 것으로 지정한다. 위와 같은 방식은 차츰 차츰 양이 줄어들기 때문에 때가 되면 반드시 이의가 나오지 않게 된다. 그 이후에는 2사람 사이의 분배가 되므로 해결이 간단하다. 이 방법은 몇 사람이 되든 적용할 수 있다. '평등원칙'이라는 명목으로, 달성할 수 없는 객관적 평등성을 추구할 것이 아니라, 불만이 나오지 않게 분배하는 절차를 연구해야 한다. 효용이란 개인 사이에 비교를 하지 않으면 측정할 수 없기 때문이다.

위와 같은 방법이 실제로 효용이 있을지는 아직도 실제 운용한 결과가 발표된 적은 없지만, 뭔가 방법이 있을 거라고 항상 생각을 하다보면, 현실에서 그 사건에 가장 맞는 방법이 섬광처럼 떠오를 수 있기 때문에, 평소 흥미를 가지고 여러 가지 방법을 모색하는 것은 결코 헛

된 일은 아닐 것이다.

케이크 분배와 같은 방식이 타당하지 않는 사례(예컨대, 토지의 일부에 한쪽 당사자의 집이 있는 경우)는, 그 부동산을 당사자가 현실적으로 어떻게 이용하고 있는가 하는 이용 상태가 매우 중요하다. 자기가 생명처럼 아끼는 것은 어떠한 희생을 감수하고서라도 가지려고 하므로, 그렇지 않는 부분에 대하여는 대폭 양보가 가능하다.

택지는 진입로가 대단히 중요하므로, 건축법 44조에서 정한 2미터 이상의 진입로가 확보되지 않으면 화해는 불가능하다. 거기다 요즘은 자동차를 가지고 있는 집이 대부분이므로, 안쪽의 토지를 취득하는 사람은 자동차가 들어가기 쉽도록 조금이라도 진입로의 폭을 넓게 하길 원하지만, 이에 대하여 상대방이 동의하지 않아 화해가 되지 않는 경우가 많다.

법관으로서는 현장에 가서 그곳의 상황을 충분히 파악한 후, 토지를 단순히 직선으로 나누기만 할 것이 아니라, 경우에 따라서는 곡선으로 하거나, 진입로 입구의 귀퉁이 부분을 확보하도록 하는 등 여러 가지 방법을 강구하여, 당사자 모두의 요구를 최대한으로 만족시킬 수 있는 최선의 분할안을 만들기 위하여 노력해야 한다.

몇 개의 부동산을 분할하는 경우에, 특정 부동산을 쌍방이 다 요구하여 화해가 어려운 경우가 있다. 이때는 쌍방의 요구가 집중되는 물건이 최대의 포인트로서, 이것을 어느 한쪽의 단독 소유로 할 수 없는 경우는, 비용이 들더라도 그 물건을 현물분할하여 평등하게 나누면 양쪽 다 납득할 수 있다. 이러한 방식은 가사사건에서 상속재산분할의 조정에도 효과가 있다.

② 공 유 형

하나의 물건을 원·피고가 공유하는 것은 장래 그 물건의 이용방법이나 분할을 둘러싸고 당사자 사이에 분쟁 발생이 예상되므로, 일반적으로는 좋은 방법은 아니다. 화해를 할 때는 장래의 분쟁발생을 예방하는 것도 중요한 의미가 있으므로, 물건을 원고와 피고의 공유인 채 두는 방식의 화해는 원칙적으로는 바람직하지 않다. 그러나 예외적으로 원·피고의 공유로 두는 것이 좋은 경우도 있다.

예를 들어, 구획정리나 토지개량에 따른 환지처분에서, 장래 면적이 감소되거나, 정비 후에 논둑을 만들거나 하여 형상이 변경되는 경우에는, 오히려 공유로 하여 원·피고의 지분 비율을 정해두고, 그에 따른 형태로 구획정리를 한 후, 구획정리가 완료되면 분할하는 방식이 매끄러울 수도 있다.

또한 대상 물건이 여러 개 있지만, 당장 급하게 해결해야 할 물건이 한 두개 있는 경우에는, 해결이 급하지 않는 것들은 공유상태로 둘 수도 있다. 이와 같이 일부러 공유 형태로 두는 것을 공유형이라 한다.

③ 금전보상형

당해 물건을 분할하는 것도 공유하는 것도, 당사자의 합의를 이끌어 내지 못한 경우는, 어쩔 수 없이 당사자 일방의 단독소유로 하고, 다른 쪽에 금전 보상을 지급하는 형태를 선택할 수밖에 없다.

계쟁물을 당사자 한쪽의 단독소유로 하고, 다른 쪽 당사자에게 금전을 보상하는 것이 기본형이라 할 수 있으나, 이 방법을 사용해도 안 되고 분할형이나 공유형으로도 화해가 성립되지 않을 때는, 처음으로 돌아가 다시 한 번 금전보상형을 사용할 필요가 있다.

이와 같이 본래는 기본형이지만, 이를 시행하여도 잘 되지 않아, 다른 방식을 시도해본 후에 처음으로 돌아간 때는, 멋진 응용형이 된다. 내용은 동일하지만, 거기에 이른 과정에 큰 의미가 있다. 더하여 둘로 나누는 방법도, 처음부터 사용하지 않고, 어쩔 수 없는 상황까지 가서 최후에 사용한다면, 효과적이고 훌륭한 응용형이 되는 것과 마찬가지다.

이 때 금전의 액수를 정하는 방법으로는, 경매형을 사용하여 처음부터 절차의 진행방법을 합의하는 방식과, 먼저 물건을 가지기를 원하는 원고를 설득하여 금액을 제시하게 하는 방법이 있다.

먼저 원고를 설득하는 방법을 사용하는 경우에는, 될 수 있으면 원고가 지급할 금액을 올려서 피고의 요구액에 근접시킴으로써 합의를 도출하도록 한다. 이러한 방식이 잘 진행되면 좋겠지만 현실적으로는 그리 간단한 문제가 아니다.

원고가 1,000만원까지 주겠다고 하는데도, 피고가 2,000만원이 아니면 안 된다고 완강하게 버텨서 화해가 되지 않을 때는, 무리하게 원고를 계속 설득하지 말고, 발상을 전환한다. 즉 180도 입장을 바꾸어 피고에게 1,000만원을 원고에게 지급하고 물건을 가지라고 권해보는 것이다. 이 방법은 의외로 효과가 있다.

왜냐하면 원고가 1,000만원밖에 내놓을 수 없다고 하는 것은, 그 물건의 가치를 1,000만원으로 평가하고 있기 때문이다. 그러나 피고가 2,000만원을 요구한다는 것은, 그 물건을 2,000만원의 가치로 평가하고 있기 때문에, 1,000만원을 내고 취득하는 것은, 자신의 생각보다 싸게 손에 넣을 수 있게 되어 불만이 있을 수 없다. 원고도 1,000만원밖에 내 놓을 수 없다고 하는 것은, 그 물건을 1,000만원의 가치로 평가하고 있기 때문에, 1,000만원이라는 금액에 저항이 있을 수 없다.

그러나 서로 흥정할 것을 염두에 두고 원고가 1,000만원을 주장하는 경우도 있으므로, 태도가 변하여 예컨대 1,200만원이 아니면 화해할 수 없다고 하는 경우도 있으나, 2,000만원을 요구하는 피고에게 1,200만원을 지급하게 하는 것은 그다지 어려운 일이 아닐 것이다.

다. 분쟁의 확대와 축소

재판은 소송물을 대상으로 하므로, 원고가 청구하지 않는 것에 대하여 판결할 수 없고, 당해 소송물에 관한 판단을 하면 법원의 임무는 일단은 완수하였다고 할 수 있다. 판결은 당사자의 동의 없이 하는 법원의 행위이므로, 소송물에 관하여만 판단할 수 있기 때문이다.

그러나 법원의 임무가 당사자 사이에 존재하는 분쟁을 근본적으로 해결하는 것이라면, 법관으로서도 소송물의 틀에 얽매이지 않고 분쟁의 실체를 파악하여 근본적인 해결을 하고 싶은 생각이 드는 것은 당연하다. 특히 당사자의 합의를 기초로 실정에 맞는 화해를 하고자 하는 법관으로서는, 현재 당사자 사이에 존재하는 분쟁이 소송물의 틀을 넘는다면, 소송물 이외의 분쟁도 함께 일괄하여 해결하려는 노력을 하는 경향이 강하다.

또한 소송물 전부에 관하여 바로 화해하기 어려운 경우에도, 하나의 분쟁에는 하나의 해결 방법밖에 없다는 발상을 전환하여, 소송물을 분할하여 그 일부를 먼저 화해로 해결하고, 그 후에 나머지 전부를 해결하는 방식을 시도할 수도 있다.

① 일 괄 형

일괄형이라 함은 소송물 이외에 존재하는 당사자 사이의 분쟁을 모두 모아 일거에 해결하는 방식을 말한다.

당사자 사이의 분쟁을 근본적으로 해결하려면, 아무래도 소송물 이외의 분쟁도 함께 취급하게 되는데, 화해기술의 측면에서 보더라도 적극적으로 소송물 이외의 분쟁을 함께 고려하여 함께 해결하면 화해가 훨씬 더 쉽다.

왜냐하면 논점이 하나라면 국면이 단순하기 때문에, 법원이 화해안을 내어 놓을 때도, 공정하고 중립적인 내용이 되기 위해서는, 더하여 둘로 나누는 방식 이외에는, 별 다른 것이 나오기 어렵기 때문에, 까다로운 사건에서는 바로 벽에 부딪히고 만다. 그러나 소송물 이외의 분쟁으로 확장되면 교섭할 논점이 많아지고, 국면이 복잡해지므로, 여러 가지 화해안을 낼 수 있다. 장기나 바둑에서 승부를 겨룰 때에도, 형세가 불리해지면 여기저기 수를 만들어 국면을 복잡하게 만드는 것은 고수들의 상투수단이다. 화해도 이와 같다.

A 분쟁이 확대되어, B, C 분쟁이 가미된다면, A 분쟁에서는 원고가 유리하게, B 분쟁에서는 피고가 유리하게, 그리고 C 분쟁에서는 원·피고가 대등하게 조정하는 것과 같이, 여러 가지 조합이 가능하다. 그 결과 당사자 모두가 받아들일 수 있는 안을 만들기가 쉽다.

필자는 다른 법원에 동일한 당사자 사이의 별건이 있으면, 적극적으로 이를 모아 함께 취급한다. 고등법원에 별건이 심리되는 경우와 같이 지방법원에서 이를 취급할 수 없는 때는, 실질적으로 그 사건도 포함해서 화해를 하고, 화해조서에 그 사건의 소를 취하한다는 취지의 조항을 넣는다.

특수한 일괄형의 예를 소개한다. 거의 같은 쟁점의 사건으로, 지방법원에 부당노동행위 구제명령 취소사건이, 고등법원에 근로자 지위확인 사건이 심리된 사례가 있었다. 필자는 지법의 사건을 담당하고 있었으나, 화해는 매우 어려웠다. 그러던 중 고법에서 판결이 선고되었다. 원고 일부승소의 타협적인 판결이었는데, 당사자 모두 상고하였다. 이를 안 필자는 절호의 기회가 도래하였다고 생각하여, 상고이유서 제출기간 안에 화해를 성립시키려고 마음먹었다.

그 전까지는 지법 사건만이 쟁점이 되었으나, 고법판결을 이용함으로써, 고법판결에 대한 상고를 취하하고, 소 취하 합의를 할 수 있는 기회와 상고이유서를 작성하고 싶지 않는 쌍방 대리인의 마음을 이용하여, 상고이유서 제출기한 하루 전에 화해를 성립시키고, 그 중에서 고법판결에 대하여는 소를 취하하는 것으로 합의가 성립되었다.

20년에 걸친 임금차별 등이 쟁점이 된 사건에서는, 근본적으로 차별을 해소하는 화해가 성립되어, 각급 법원과 노동위원회에 계속된 15건의 사건이 모두 종료된 사례도 있었다. 이것도 일괄형으로 화해를 시도함으로 가능한 것이었다.

그러나 유감스럽게도 일반적으로는 쟁점이나 사건이 확대되면 해결이 어렵다고 생각하는 것 같다. 물론 그러한 사건도 있겠지만, 필자의 경험으로 보아서는 오히려 그것은 예외라고 생각한다.

② 일부 화해형

이 방식은 소송물의 일부에 한정하여 화해를 하고, 다른 소송물은 재판을 속행하거나 취하로 종결하는 것이다.

예를 들면, 현재 진행되는 교통사고 소송에서 의사의 과잉진료가 문제가 되어 있다. 그러나 재판에서 의사는 당사자가 되어 있지 않아 치료비를 양보하게 할 수 없다. 피해자가 배상금을 받더라도, 의사가 치료비를 모두 받게 되면 피해자에게 돌아갈 몫은 거의 없는 경우도 가끔 있다. 치료비가 정당한가 여부가 문제가 된 경우에는, 의사와 보험회사와 사이에 해결하는 것이 가장 실질에 맞을 것이나, 현재 진행되는 통상의 소송절차에서는 해결이 어렵다.

법관이 볼 때 의사의 치료비 청구가 부당하다고 생각될 때는, 재판에서 청구하는 손해 중에서, 치료비에 관한 소를 취하시키고, 그 이외의 부분, 즉 피해자가 실제로 받을 수 있는 부분에 관하여만 화해를 성립시키는 것이 한 방법이다. 치료비에 관하여는 보험회사와 의사 사이에 협의하게 하고, 합의가 되지 않으면, 의사가 피해자에게 치료비청구 소송을 제기할 것이다.

피해자가 소를 제기당하면, 가해자에게 소송고지를 하여, 보험회사로 하여금 재판에 참가하도록 하고, 의사와 보험회사 사이에 납득이 될 때까지, 치료비에 관한 증거조사를 하면 될 것이다. 어쨌든 법정에 나오지 않는 사람을 상대로 설득할 수는 없으므로, 나오지 않는 사람에게 이익이든 손해를 줄 수 없다는 것이 화해의 원칙이다.

청구의 일부에 관하여는 다툼이 없는 경우나, 일부에 관하여만 가압류나 가처분이 되어 있는 경우에, 그 일부만이라도 빨리 화해로 해결하고, 나머지 부분은 재판을 속행하거나, 기회를 봐서 화해를 다시 시도하는 경우도 있다.

소송에서도 일부청구가 가능한 것과 같이, 소송물의 일부에 관하여도 화해를 할 수 있고, 나머지 부분에 관하여는, 취하하여 재소의 여지를 남긴 채 일단은 종결하거나, 소송을 속행하여 판결이나 화해로 갈지는 당사자의 의사에 따라 자유로이 선택하게 할 수 있으므로, 법원도 그때그때의 형편에 따라 대응할 필요가 있다.

이와 같이 일부 화해를 하더라도 여전히 사건이 남아있다면 무슨 소용이 있을까 하고 생각할 수 있으나, 까다로운 사건은 단번에 끝내겠다고 생각하면 실패할 수 있다. 할 수 있는 것부터 하겠다고 하는 여유를 가지면 결국 성공으로 연결될 수 있다.

③ 대표자 화해형

거의 동일한 쟁점을 가진 다수의 원고가 다수의 피고를 상대로 소송을 제기하는 사례가 있다. 예컨대, 여러 명의 원고가 A사를 통하여 피고들에게 일용직으로 노동에 종사한 경우에, A사가 도산하자 원고들은 피고들과 사이에 일용직으로 노동할 때마다 개별적으로 직접 고용계약이 성립하였다고 하여 임금청구를 하고, 피고들은 원고들이 A사로부터 파견된 파견근로자로서 고용계약이 존재하지 않는다고 주장하는 사례가 있다고 하자.

이와 같은 경우에, 대개 피고들은 대리인이 다르고, 개별적으로 근로에 종사할 때마다 임금조건이나 근무상태가 다르기 때문에, 심리가 복잡하게 되어 사건이 매우 어렵다. 그러나 크게 보면 쟁점은 원고와 피고 사이에 직접 고용계약이 성립하였는지 여부이므로 결국은 같다고 할 수 있다. 자세히 보면 임금액수 등에 다툼이 없지는 않겠지만, 이와 같은 사건에서는 임금의 청구액 자체가 작고, 기업으로서는 액수를 다투는 것은 본심이 아닌 경우가 많다.

이러한 경우에는 원고들과 피고들의 대표자를 선발하여, 그 외의 당사자는 각자 대표자의 소송 종료 결과(확정판결이나 화해)에 따르는 것으로 화해를 하고, 소송을 종료시키면 간편하다.

소송이 취하 등으로 종료된 경우나 일부 승소의 경우는 어떤가, 집행권원으로 될 수 있는 조항을 만들 수 있을까 등, 아직도 생각해야 할 문제점이 있고, 해결되지 않는 부분이 있으나, 다수 당사자를 대표자에게 집중시키는 화해는 소송을 진정한 쟁점에 집중시키는 역할을 수행할 수 있어서, 심리의 충실과 촉진에 대단히 유용하다. 지금부터라도 이 문제를 검토할 필요가 있다.[40)]

---

40) 법은 국가기관뿐만 아니라 일반인들도 함께 능동적으로 실현해 나갈 때 법의 운용에 국가적 비용이 절약됨과 동시에 법을 소중히 여기는 국민의식과 진정한 민주국가의 시민정신이 함양될 수 있다. 법은 사회생활을 합리적으로 규제하기 위한 사회적 도구이다. 따라서 일반인도 이용하기 쉽고, 이용의 효과를 기대할 수 있으며, 또한 이용함으로써 경제적으로도 이익이 되는 법이 되도록 해야 한다. 일반인이 법을 무기로 하여 부정과 싸울 수 있도록 하기 위해서는, 법은 사용의 용이성, 실효성, 경제성을 갖추어, 일반인이 실천적으로 이용하고 싶다고 생각할 수 있는 인센티브를 가져야 한다. 이를 위한 인센티브로서 변호사 비용의 완전한 보상(국선변호의 완비), 손해액의 증액(2, 3배 배상제도나 징벌적 손해), 최저배상액의 법정 등의 제도를 마련하여, 정의를 위하여 싸우

라 화해 이외 절차의 취지나 형식을 도입한 형

화해를 당사자가 서로 양보하여 의사의 합치에 이르는 것이라고 생각한다면, 서로 양보하는 내용이 아닌 화해는 원칙이 아니고 생각할 수도 없다. 그러나 화해를 당사자들 의사의 합치에 따라, 당사자 모두를 위하여 타당한 해결책을 창조하는 것이라고 한다면, 화해의 폭도 넓어지고 여러 가지 종류의 합의를 생각할 수 있다.

청구의 인낙, 포기, 소의 취하, 조정은 화해와는 다른 재판의 종료 원인이고, 그 개념도 확실히 다르지만, 그 제도가 마련된 취지를 화해에 도입하거나, 그 형태를 빌려 실질적 화해를 함으로써, 화해의 폭과 깊이가 훨씬 확장된다. 어찌되었든 쓸 수 있는 것은 모두 쓴다는 생각이 필요하다.

① 인 낙 형

이것은 피고가, "원고의 청구원인은 인정하지만, 도저히 지급 능력이 없습니다"라고 하는 경우에, "피고는 원고에게 ○○○원을 지급한다. 소송비용은 각자 부담한다"라는 식으로 화해하는 것을 말한다.

이러한 경우에는 피고에게 청구를 인낙하도록 하여 인낙조서를 작성하거나, 피고에게 청구기각의 신청을 하면서 청구원인 사실을 전부 인정하는 취지의 진술을 하게 하여, 원고승소 판결을 하여 종결하는 것

는 전사인 일반인에게 소송을 하여 승소하더라도 오히려 손해가 발생하는 일을 사전에 방지할 필요가 있다. 한편 다수 당사자의 소송에서 소송을 제기하는 당사자의 편의를 위한 장치, 즉 대표소송제도의 완비도 위와 같은 관점에서 매우 중요한 일이다(田中英夫 외, 법의 실현에서 사인의 역할, 동경대학출판회, 1987, 서문 참조. 역자 주).

이 일반적인 취급 방법이다.

그럼에도 불구하고 이러한 화해를 하는 것은, 이러한 경우는 대개가 본인 소송으로 청구인낙이라는 의미를 실제로 이해하는 것인지도 의심스럽고, 화해로 하면 소송비용만큼이라도 피고에게 유리하게 되며, 판결로 하면 그 후 송달절차가 남고, 항소기간이 있어서 확정에 시간이 걸리지만, 화해는 바로 종료한다는 등의 이점이 있기 때문이다.

② 포 기 형

인낙형과 반대가 포기형이다. 이것은 청구를 포기하는 것과 같은 취지를 화해로 합의하는 것이다. "청구를 포기한다"고 표현하더라도 괜찮지만, 적극적으로 "당사자는 서로 재판상 청구를 하지 아니한다"고 하는 표현방법이 화해에 친숙하고, 재소의 위험성도 적으므로, 훨씬 나은 표현이라 할 수 있다.

반대로 실질적으로 화해를 청구의 포기 방식으로 하는 경우도 있다. 예컨대, 피고 본인이 노인성 치매에 걸려 입원 중이라 출석도 할 수 없고, 의사능력도 의문인 경우가 있다고 하자. 이 경우에 소장 송달의 효력에 문제가 있으므로, 정식으로 소송으로 진행하기 위하여는, 특별대리인을 선임하거나, 성년 후견개시심판을 받든가 하여, 대리인이나 후견인에게 송달하여 진행을 해야 하므로, 상당한 시간이 걸리게 된다.

청구에 관하여 다툼이 있다면 이 또한 어쩔 수 없는 일이지만, 배우자나 근친자가 청구를 다투지 않고, 대신해서 지급하겠다고 하는 경우도 있다. 이러한 경우에 보통은 당사자 사이에 화해를 하고, 그 안에 지급하겠다고 하는 사람을 이해관계인으로 참가시키는 방법을 택하지만, 다음과 같이 하는 것도 좋은 방법이다.

즉 지급하겠다는 사람을 사실상 이해관계인으로서 법정에 출석시켜, 사실상의 화해를 하여 금액을 합의한 후, 법관의 면전에서 원고에게 화해금을 지급하고 영수증을 받는 동시에 원고에게 청구 포기를 하게 한다. 법원으로서는 포기조서만 작성하게 되어 편리하지만, 즉시 현장에서 지급하지 않으면 이 방법을 쓸 수는 다.

③ 취 하 형

이 유형은 원고가 소를 취하하고, 피고가 이에 동의하는 경우에, 이를 화해조항으로 하는 것이다. 일종의 취하계약을 화해의 내용으로 하는 것인데, 이렇게 일부러 번잡한 형태의 화해를 하는 이유는, 이러한 형태의 화해에서는 다른 조항을 화해조서의 내용에 넣을 수 있기 때문이다.

실무에서 가장 요긴한 것은 담보취소의 동의와 항고권의 포기조항이다. 소송을 제기하기 전에는 가압류나 가처분을 하는 경우가 많은데, 그 경우에 제공된 담보의 반환을 받기 위해서는 담보취소 절차가 필요하다. 담보취소에는 상대방의 동의서가 필요하지만, 화해조서에 그 취지의 기재가 있다면 화해조서만으로 취소할 수 있으므로, 당사자로서는 대단히 편리하다.

노동 관련 행정사건(피고는 노동위원회)에서 근로자인 원고와 사용자인 피고 참가인 사이에 합의가 성립된 경우에, 행정사건은 화해가 되지 않는다는 견해가 일반적이므로, 이 경우에도 취하형을 사용하여, 원고와 피고 사이의 소취하와 동의를 합의 내용으로 하는 화해를 성립시킨 후에, 그 화해조항 속에 원고와 참가인 사이의 합의내용을 넣을 수 있다.

보통은 원고가 소를 취하하는 경우에는 다시 소제기를 하지 않는 경우가 많을 것이다. 그러나 취하형에서 주의할 것은 제1심판결 선고 후의 취하는 재소가 금지되어 있으나, 그 이외는 다시 소를 제기할 수 있다는 점이다(민소 267조 2항). 그러므로 소송물 이외의 사항에 대하여 합의를 함으로써 재판을 종료시키더라도, 소송물에 관하여는 경우에 따라 재소할 수 있다는 취지로 취하합의를 하는 경우도 있다. 이를 명확하게 하여두지 않으면, 재소된 경우에 화해조항의 해석을 둘러싸고 장래에 분쟁이 일어날 소지가 있다.

이와 같은 분쟁을 방지하기 위해서는 명확하게 재소를 하지 않는다는 합의조항을 넣거나, 소송물인지 여부를 묻지 않고 청산한다는 취지의 조항을 넣을 필요가 있다. '본 화해조항 이외에는 채권채무가 없다'는 취지의 확인조항과 소송물에 관하여 취하한다는 취지의 조항이 있는 경우에, 청산조항은 소송물에는 미치지 않고, 소송물에 관하여는 재소가 허용된다고 해석될 여지가 있다는 사실에 주의해야 한다. 소송물에 관하여도 재소가 금지된다는 명확한 조항이 필요하다.

④ 정지 만료형

이는 엄밀하게는 화해라고 할 수 없지만, 당사자 쌍방이 합의하여 2회 불출석하거나 출석하더라도 변론하지 않은 후 1개월이 경과되면 소 취하의 효과가 생기므로(민소 268조), 쌍방 합의에 따른 해결이라는 의미에서 넓게 보면 화해의 개념에 들어갈 수 있다.

이러한 형태에 의미가 있을 것인가 하는 의문이 있을 수 있으나, 사건의 진행이 당사자의 당초 예상과 달리 제대로 진행되지 않을 때에는, 재소의 가능성을 남기면서 원고는 소를 일단 취하하고, 피고는 동의하는 방법이 바람직하겠지만, 여러 가지 사정 때문에 그것이 곤란한 경우가 있다.

체면 때문에 원고가 소취하를 하고 싶지 않는 경우나 소송대리인이 취하하려 하여도 원고 본인이 행방불명이 되어 그의 승낙을 얻을 수 없는 경우, 피고가 동의하지 않으려는 경우가 있을 수 있다. 이러한 경우에는 정지 만료형이라는 형태로 소취하를 의제하는 방법으로 처리하면 좋다.[41]

원고가 소를 취하할 것인가 여부에 대하여 망설이는 경우에는, 변론하지 않고 다음 기일을 지정하여 한 번 더 생각해 보게 하고, 그래도 결심이 서지 않으면, 역시 변론을 하지 않고, 집에 돌아가 소송수행 의사가 있다면 기일지정신청을 하도록 하면 될 것이다.

원고가 변론기일에 출석하지 않고 전화로 취하의사를 밝히는 경우에도 같다. 다만 이때 기일을 열지 않고 그대로 두면 나중에 취하서를 내지 않는 경우 처리가 말끔하지 못하게 된다.

⑤ 조 정 형

이는 사건을 조정에 부쳐서, 화해절차에서는 얻을 수 없는 조정의 이점을 활용하여 당사자의 합의를 이끌어내는 것을 말한다.

---

41) 소취하와 관련된 실무상 문제점에 관하여는, 정춘호, "소취하에 대한 소고", 코트넷 지식광장 참조. 이글은 특히 화해권고결정이나 조정을 갈음하는 결정이 있는 경우에 소취하의 효력을 자세하게 다루고 있다(역자 주).

조정에서는 조정위원들의 전문적인 지식에 따른 의견을 들을 수 있다. 법관이 전문적 지식이 부족한 의료사건이나 건축사건 등은 심리가 장기화되기 쉽다. 이러한 사건에서는 전문지식을 보충하기 위하여 조정에 부쳐서 의사나 건축사 등의 자격을 가진 조정위원의 의견을 듣는 것이 유익하다.

이는 가사조정을 할 때에도 좋은 방법이 될 수 있다. 예를 들면 상속재산분할 사건에서 당사자에 따라서는 감정비용을 예납하지 못하여 사건이 진행되지 못하는 경우가 있다. 이러한 경우에는 부동산평가를 할 수 있는 조정위원에게 그 토지의 평가서를 간편한 방법으로 결론만이라도 내어 달라고 부탁하는 것도 한 방법이다.

정식의 감정서를 작성하는 것은 매우 힘든 일이므로, 이유를 생략하고 결론만을 부탁하는 것이다. 이것을 기초로 하여 분할안을 작성하면 당사자는 법원의 조정위원이 공정한 평가를 한 것으로 신뢰하고 결과에 납득하게 된다.

마. 그 외의 형태

① 전문(前文)형

당사자 중에는 화해조항 속에 화해에 이르게 된 경위나 화해조항 해석의 지침이 될 수 있는 조항을 넣어달라고 요구하는 사람도 있다. 그러한 경우에는 화해조항에 전문(前文)을 넣어 주면 화해성립이 보다 쉽게 된다.

예를 들면, 당사자 중에는 자기가 적극적으로 화해를 먼저 요구한 것은 아니라는 점을 밝혀달라고 요구하는 사람이 있다. 이러한 경우에는, “당사자 쌍방은 법원의 화해권유에 의하여 다음과 같이 화해한다”라고 하면 된다.

또한 노동위원회의 구제명령취소사건에서, 사용자가 직접 부당노동행위를 인정하는 것에 반발하는 경우에는, “당사자는 지방노동위원회의 명령을 존중하여, 다음과 같이 화해한다”라고 쓰면, 조합측도 화해조항 중에 사용자가 부당노동행위를 인정하는 취지의 기재가 없어도, 전문에 그러한 단서가 있다는 것으로 만족하여 화해가 성립하는 경우도 있다.

② 각서 병용형

당사자 사이에 성립한 화해내용은 모두 화해조항 안에 넣을 수 있지만, 경우에 따라서는 이를 기재하는 것이 적당하지 않거나, 당사자가 원하지 않은 경우가 있다. 이와 같이 화해조서에 그대로 넣기 힘든 합의내용은, 당사자 사이에서 각서를 작성하게 하는 것이, 바로 이 각서 병용형이다.

각서형으로서 흔히 볼 수 있는 예는 당사자가 합의내용을 화해조서에 기재하기를 원치 않는 경우이다. 당사자 사이에 화해금을 지급한다는 합의가 성립하였으나, 돈을 지급하였다는 것이 알려지는 것을 꺼려하는 경우가 있다. 화해조서의 내용과 모순되지 않는 각서는 이를 인정할 필요가 있다.

예를 들어, 화해조서에는 “당사자 쌍방은 이 사건 분쟁을 원만히 해결하여, 이후에는 어떠한 이유를 묻지 않고, 서로 재판상이나 재판 외의 청구를 하지 않는다"고 하고, 각서에는 화해금을 지급하는 것으로 합의한다는 내용의 기재하는 것은, 원래 당사자 사이에 화해금을 지급하고 원만히 해결되었다는 내용을 단지 둘로 나누어 기재한 것이므로 문제는 되지 않는다.

그러나 실제로는 1억원에 매매하는 합의가 성립되었으나, 화해조서에는 5,000만원으로 매매한다는 취지로 기재하는 것은 허용될 수 없다. 이러한 경우는 1억원의 매매와 5,000만원의 매매는 양립하지 않기 때문이다. 이와 같이 각서병용형에는 특이한 문제점이 있으므로 예외적으로만 사용되고, 이 경우에도 각서와 화해조서의 내용이 서로 모순되지 않도록 해야 한다.

③ 화해기일조서형

당사자 사이에 합의가 성립하였더라도 전문형이나 각서병용형과 같이 구속력 있는 조항으로는 남기고 싶지 않는 경우나, 당사자 사이에 의견의 차이가 있어, 이를 조서에 남겨두고 싶을 때는 그 경위나 양해사항을 화해조서가 아닌 화해기일의 경과조서 속에 기재하는 방법이 있다.

예를 들어, 근로자가 의원면직하는 화해에서 피고회사에 재취업 알선을 요구하는 때에, 피고회사로서는 약속은 할 수 없지만, 피고 대리인이 최선을 다하는 것으로 사태가 수습될 수 있는 경우에서는, 화해기일의 경과조서에 "원고대리인 : 근로자의 재취업 알선을 요구, 피고대리인 : 대리인으로서 노력한다"고 기재한다. 이것은 화해조서의 기재사항이 아니고, 신사(紳士)협정이므로 구속력은 없다. 그러나 그와 같은 대화가 있었다는 증거는 된다.

화해조서에 들어가기가 적당하지 않는 사항이라 하여 이를 모두 생략하는 것은, 사고방식 자체로서는 매우 명확하지만, 이러한 사고를 지나치게 고수하면 마지막 순간 연착륙에 실패함으로써, 합의 자체가 되지 않거나 합의하더라도 무언가 뒷맛이 개운치 않게 된다.

현실의 사건이나 당사자의 요구는 여러 가지가 있기 때문에, 생략하면 무언가 부족하고 안정감이 없는 결과가 생기는 경우도 있으므로, 그러한 경우에 미세한 조정 방법으로서 화해기일조서형을 기억해두면 편리하다.

④ 재량존중형

당사자 한쪽에게 어느 행위를 하도록 할 경우에, 거기에는 재량의 폭이 있고, 구체적인 내용까지 합의하는 것이 곤란할 뿐만 아니라 바람직하지 못한 경우도 있다. 이러한 경우에는 넓은 범위나 조건을 합의하여, 그 재량 범위 내에서 구체적인 행위를 할 의무를 지우고, 이를 이행하지 않을 때는 위약금의 지급을 약속하는 것이 좋다. 이를 재량존중형이라 한다.

구체적인 예를 들자면, 노동사건의 급여나 지위 승진의 차별에 관한 사건에서, 근로자의 연령이 높아져서 등급이나 호봉이 올라가면, 일률적으로 급여와 지위를 높여주는 것은 어렵다. 전체적으로 본다면 조합원과 비조합원 사이의 차별을 시정할 필요가 있다 하더라도, 대상자 전원을 그렇게 해 줄 수는 없다.

비조합원 10명 중 3명이 8급으로 승급하였는데, 조합원은 10명 중

1사람도 8급이 되지 않은 경우를 생각한다면, 조합원에 대한 차별이 있다고 할 수 있고, 조합원 중 3명을 승급시켜야 할 것이나, 그 대상자인 10명의 조합원 중에서 3명을 고르는 것을 법원이 판단할 수는 없고, 회사의 인사권과의 균형도 고려해야 한다.

그래서 위와 같은 경우에는, "조합원 중에서 3명을 승급시킨다. 이를 지체할 경우에는 1일 100만원의 위약금을 조합에 지급한다."라는 화해조항을 만든다.

조합원 중에서 3명을 승급시킨다는 점은 구속력이 있으나, 구체적으로 누구를 대상으로 할 것인가는 구속력이 없으므로, 회사의 인사권을 존중하는 것이 된다.

3명이라는 조건을 붙임으로써 조합차별을 시정하고, 회사가 불이행할 때는, 승급에 관하여는 강제집행을 할 수 없지만, 회사에 위약금을 지급할 의무를 지움으로써 이행을 담보하는 것이다.

⑤ 잠정화해형

사건에 따라서는 당사자 사이의 대립이 너무 심각하여, 일상생활에까지 미치는 경우가 있다. 특히 노동사건에서는 그러한 현상이 현저하다. 이러한 경우에는 일상생활이나 직장에서도 항상 대립각을 세우고 있으므로, 법원에 출석한 당사자를 그 자리에서 설득해 보더라도 별로 효과가 없다.

이때 필요한 방법 중 하나가 잠정화해형이다. 이는 화해절차 중이라도, 당사자들이 잠정적으로 일정한 사항에 관하여 휴전적인 합의를 하는 것을 말한다.

예를 들면, 앞에서 말한 300일 동안의 쟁의행위로 회사사장, 조합위원장과 판사 3명이 회담을 하여 성공한 사건도, 처음에는 대립이 너무 심각하여, 조합측이 빨리 출근하지도 않고 잔업을 하지 않았기 때문에, 회사는 매우 어려운 상황이었다. 그래서 필자는 화해절차 진행 중이라도 일찍 출근하고 잔업을 한다는 잠정적인 화해안을 제안하였다. 회사는 물론 찬성하였고, 조합측도 빨리 출근하여 잔업을 하면 급여가 크게 올라가므로 이에 응하였다.

화해절차 과정에만 한정된 잠정적이라는 조건 때문에, 상호불신이 강한 당사자들에게도 받아들이기 쉬웠을 것이다. 그러나 양쪽이 다 협력하여 잠정적인 화해를 받아들여, 일찍 출근하고 잔업을 하다보면 모두에게 이익이 되므로, 이러한 상태에서 이전의 극한 대립상태로 되돌아가고 싶지 않다는 감정이 양쪽 모두에게 생기는 것은 자연스러운 현상이다.

이와 같이 300일간의 쟁의가 계속된 사건에서도, 화해의 실마리로서 잠정화해를 제안하여 쌍방의 대립・감정을 완화함으로써, 사장・조합・위원장과 회담을 계속하여 합의가 이루어진 것이다. 매우 풀기 어려운 사건이었으므로 여러 가지 방법을 함께 사용함으로써 화해를 성립시킬 수 있었다.

대여금 사건과 같이 당사자 사이에 사실에 관한 다툼이 없고, 당사자가 모두 화해하는 것에는 찬성하면서도, 분할지급 금액에 관하여 한쪽은 50만원, 다른 쪽은 100만원으로 주장이 대립하여 화해가 어려운 경우가 있다. 이때 원고가 생활이 어려워 피고에 대한 감정이 더욱 악화되어 있을 때는, 피고를 설득하여 "50만원이라도 좋으니까 우선 이번 달부터 매월 지급하세요"라고 하여, 화해절차 중이라도 우선 현실적으로 지급하도록 하는 것도 좋은 방법이다.

원고로서는 피고가 지급하겠다고 말하면서도 실제로는 한 푼도 지급하지 않는 것이 가장 신경 쓰이는 일이다. 원고는 1회에 100만원의 지급을 요구하기 때문에, 50만원을 지급한다면 불만이겠지만, 냉정하게 생각해보면, 아직 화해가 성립되지 않았음에도 50만원이라도 매월 지급받는다는 것은 큰 의미가 있는 것이다.

지급하는 측에서 보더라도, 어차피 지급해야 할 것이므로, 조금 일찍 지급한다고 하여 나쁠 것이 없다. 만약 화해가 성립하지 않고 판결로 간다 하더라도, 현실적으로 지급한 액수는 변제로 인정될 것이므로 피고에게 불리하지 않다. 이와 같이 잠정적인 금액이라도 일부를 화해 성립 이전에 이행하도록 한다면, 당사자의 감정적인 대립이 완화될 수 있으므로, 본론에 들어가서 분할금의 액수를 정할 때도 원활한 해결을 보기 쉽다.

이와 같이 잠정화해는 잠정적이라는 이유로 당사자 쌍방이 받아들이기 쉽고, 그 내용을 이행하다 보면 당사자 모두에게 이익이 되기 때문에, 양쪽의 대립이 일단 완화되고, 대립이 일단 완화되면 다시금 극심한 분쟁상태로 돌아가고 싶지 않다는 감정을 이끌어 낼 수 있다는 효과가 있다.

8. 규범에 의한 화해절차 통제방법

지금까지 설명한 화해기술은, 화해가 오로지 당사자의 합의에 따라 성립한다는 측면을 중시한 것이다. 그러나 화해는 법원에서 시행하는 것이고, 판결의 예측 등에 따른 법적 통제의 측면을 무시해서는 안 된다.

화해가 당사자의 합의에 따라 성립한다는 측면을 중시한다면, 지금까지 설명한 화해기술에 관한 논의는, 오로지 교섭을 중심으로 하는 방법에서 더욱 타당한 설명이라 할 수 있다.

교섭을 중심으로 하는 방법은, 당사자와 진정한 대화를 다한 결과, 화해가 성립된 경우에, 당사자들의 만족도가 크고, 옆에서 지켜보는 법관으로서도 매우 즐거운 일이다. 화해가 성립한 당사자의 모습에서 인생 드라마를 보며 감동하는 법관도 있다.

그러나 현실적으로 일어나는 사건은 종류나 형태가 여러 가지이고, 당사자의 인격도 다양하여, 실제 소송에서는 교섭중심으로 운영하더라도 한계가 있다. 또한 법원이 법에 따라 엄정한 판단을 해 주기를 바라는 사람도 많아서, 그러한 측면도 고려해야 한다.

그러므로 현실의 화해운영에서는 판결의 예측이나 구체적 심증도 항상 법관에 머릿속에 들어 있어야 하고, 당사자 일방이 부당한 의견을 고집하거나, 교섭의 방향이 판결의 예측과는 전혀 다른 방향으로 진행해가는 경우에는, 원래의 자리로 돌아와야 하고, 화해절차를 통제할 필요가 있다. 화해절차에는 이러한 판결절차를 보강하는 요소가 있기 때문에, 법원 외의 다른 분쟁처리기관에서는 처리할 수 없는 어려운 사건이라도 해결할 수 있는 것이다.

판결의 예측을 화해절차 속에 투영한다는 점에 대하여는, 이를 두 가지 경우로 나누어 고찰할 필요가 있다.

첫째는, 법관과 당사자 쌍방 사이에 예측하는 판결의 내용에 관하여 공통의 인식을 가지는 경우이다. 판결의 결론은 법률을 대전제로 하고, 사실을 소전제로 하여 결론을 내는 삼단논법에 따른다. 법률과 사실에 관하여 모두 다툼이 없고, 또한 결론에도 타당성이 있는 경우(예를 들어 대여금소송에서 사실에는 다툼이 없지만, 현시점에서 전부를 변제하는 것이 어려운 사례)는, 화해가 성립하지 않으면 청구인용판결이 나올 것은, 법관과 당사자들 모두의 공통된 인식이므로 이를 전제로 하여 화해절차를 진행하면 될 것이다.

둘째는, 사실과 법률, 결론의 타당성에 관하여 당사자 사이에 의견대립이 있고, 공통의 인식을 가질 수 없는 경우이다. 이때가 상당히 어려운 경우이다.

(1) 사실에 관하여 다툼이 있는 경우

이 경우에, 사실의 존부는 궁극적으로는 증거조사 결과와 증명책임에 따라 객관적으로 인정하는 것이라고 관념적으로 말할 수 있다. 그러나 현실적으로 특히 판단이 미묘하고 어려운 사건에서는 법관의 입장에서 보더라도 쉽게 결론을 내기 어려운 경우도 많이 있다. 하물며 당사자로서는 법관이 어떠한 심증을 가지고 있는지에 대하여 전혀 예측할 수 없는 사건도 많이 있을 것이다.

이러한 경우에 화해를 운영하는 것은 지극히 어려운 일이지만, 이를 돌파하는 방법 중 하나로서 법관의 심증을 드러내는 방법이 있을 수 있다. 종래에는 법원의 중립성이라는 관념 때문에 법관은 포커페이스와 같은 자세가 필요하다는 생각이 지배적이었고, 당사자에게 법관의 심증을 미리 드러내는 일은 금기시되었다. 그러나 독일의 슈투트가르트 방식(Stuttgart Model)에 따라 심증표명(혹은 心證開示)을 함으로써 적극적으로 화해를 진행하여 성공한 사례가 소개되면서, 우리나라에서도 심증표명을 적극적으로 하는 법관들이 많이 늘어나고 있다.

그러나 이러한 심증표명은 하기에 따라 당사자로부터 격렬한 반발을 살 수 있고, 화해할 때 드러낸 심증과 판결할 때 인정한 사실이 일치하지 않는 경우에 어떻게 할 것인가 하는 등의 어려운 문제점이 있다. 그러므로 심증표명의 시기나 방법, 정도 등에 관하여 좀 더 논의가 필요하겠지만, 심증표명이 타당한 경우가 있다는 사실을 인정한다 하더라도, 어느 정도로 할 것인가, 어떠한 방법이 타당할 것인가 하는 것은 현실적으로 대단히 중요한 문제이다.

결국 심증을 드러냄으로써 화해가 제대로 진전될 것인가 여부는, 불리한 심증이 표명된 당사자가 냉정하게 그것을 받아들일 수 있을 것인가 여부에 달려 있으므로, ① 당사자 본인의 감정, 대리인의 성격과 의향을 잘 파악하여, ② 그 시점에서 판단한 잠정적인 심증이라는 점을 충분히 설명하고, ③ 상대방이 없는 장소에서 말하는 것이 바람직한 방법일 것이다.

화해보다는 판결을 주로 하는 법관뿐만 아니라, 당사자의 교섭을 중심으로 하여 화해를 운영하는 법관의 입장에서도, 심증표명을 적극적으로 활용하지 않는 경우가 많다. 그러나 최근에는 적극적으로 심증표명을 하는 법관들이 많이 있고, 심증표명을 요구하는 변호사들도 증가하고 있는 실정이다.

(2) 법률적용에 다툼이 있는 경우

현실적으로 일어나는 사건은 천차만별이어서, 법률적용에 관하여 해석상 다툼이 있거나, 법이 흠결된 경우가 있을 수 있다. 이러한 경우에는 적용법조를 확정하지 않으면 판결의 결론을 낼 수 없으므로, 법관은 법적용에 관한 의견을 표명해야 한다.

왜냐하면 본래 법의 적용은 법관의 책임이고, 법관의 생각이 불분명하면 당사자로서는 소송활동을 할 수 없기 때문이다. 그러므로 이 경우에는 법관이 표명한 견해를 적용하여 나온 결론에 기초하여 화해절차를 진행해 나가야 한다.

(3) 판결 결론의 타당성에 문제가 있는 경우

현행 법률이 사회정세나 국민의 법의식 변화에 따른 국민의 법 감정에 맞지 않게 되었다거나, 지나치게 형식적인 평등에 치우쳐 오히려 실질적으로 공정하지 않는 결과가 되는 경우가 있다.

이러한 경우에 법관이 법률을 그대로 적용하여 판결을 내린다면 타당하지 않는 결론이 나올 수 있으므로, 보다 타당한 결론을 내기 위하여 화해로 해결하고 싶다고 생각할 수 있다.

또한 판결을 한다면 승소자가 100% 이길 수밖에 없는 사건에서도, 패소할 당사자의 주장이나 심정을 반영하여 구체적 타당성이 있는 결론을 화해를 통하여 이끌어내고 싶은 경우가 있다. 이러한 화해에 대한 정당성의 근거를 명확히 할 수 있다면, 당사자에 대한 설득력도 더욱 강해질 것이다.

현행 실정법 아래서도 사회 일반인들이 가지고 있는 공평의 관념과 같이, 일종의 화해규범이라 할 수 있는 것이 존재한다고 볼 수 있다.

예를 들면, 돈을 빌린 채무자는 이자를 붙여서 모두 변제해야 한다는 것이 실정법이 정한 규범이지만, 채무초과가 되어 고통 속에 있는 채무자에게는, 그가 할 수 있는 범위 안에서 성의를 보여주면 그것으로 충분하다는 화해규범을 생각할 수 있다. 마찬가지로 보증인이나 피고 역시 실질적으로 피해자인 경우도 있으므로, 이러한 경우에는 합리적인 범위에서 책임을 감액해야 한다는 화해규범이 있을 수 있다.

위와 같은 화해규범이 사회일반적인 합의에 이를 정도가 된다면, 승소가 확실한 당사자도 화해규범이 기대하는 정도까지 양보하는데 저항이 없을 것이고, 타당한 화해에 이르기 쉬울 것이다.

그러나 위와 같은 종류의 화해규범은 누구라도 납득할 수 있는 형태로 정립되어 있는 경우는 드물고, 현실의 실무에서는 암중모색의 상황에서 사건을 해결해야 한다. 이때 마지막으로 의지해야 할 곳은 결국 은 상식이다. 상식적인 해결인가 아닌가 하는 것이 최종적인 판단근거가 되는 것이다.

9. 어려운 사건의 대처방법

지금까지 화해 방식에 대하여 여러 가지로 설명하였으나, 그렇다고 하여 모든 사건에서 화해가 성립될 리는 없다. 화해를 시도하더라도 성공하지 않는 경우가 상당히 많다. 이와 같이 보통의 방법으로는 화해가 이루어질 수 없는 어려운 사건을 해결하기 위해서는 많은 노력이 필요하지만, 그 반면에 해결이 되었을 때의 기쁨은 이루 말할 수 없이 크다. 그때까지 고생하였다는 생각은 한 순간에 날아가고, 또 다시 화해를 해보겠다는 의지가 용솟음친다.

이와 같은 어려운 사건을 해결하는 것이나, 어렵지 않는 사건을 해결하는 것이나, 기본적으로는 동일하다는 점을 아는 것이 중요하다. 이것은 예를 들어, 야구에서 공을 타격할 때 정확히 맞혀야 된다는 점은, 동네야구나 프로야구가 다르지 않다는 사실에 비유할 수 있다. 다만 차이점이 있다면 동네야구에서는 맞는 부위가 조금 다르더라도 안타가 가능하지만, 프로야구 투수의 공을 치기 위해서는 기본에 충실하게 제대로 맞추어야 하고, 정확하게 휘둘러야 한다는 점이다.

그러므로 어려운 사건에서는 프로야구 투수의 공을 칠 때의 마음가짐과 같아야 한다. 바꾸어 말한다면, 지금까지 습득한 기술을 실습을 통하여 한 단계 높은 수준으로 끌어올려, 여러 가지 방법을 조합하고, 타이밍을 놓치지 말아야 하며, 새로운 발상의 전환이 필요하다. 아래에서 유의점을 살펴본다.

(1) 첫째로 필요한 것은 어려운 사건을 해결하려는 강한 열의다. 끈기 있게 노력할 필요가 있다. 판결의 시기도 예측하기 어려운 사건의 화해를 시작할 때는, 1년 정도나 최소한 10회의 기일을 잡을 각오가 필요하다.

특히 노동사건 중에는 시작한지 1년이 지나도 해결되지 않고, 후임 판사가 이를 인수하여 2년 가까이 걸려 종결된 사건도 있다. 이와 같은 사건에서 무엇 때문에 그렇게 오래 시간을 끄는지, 그렇게 오래 끌 만한 소재가 있는지 의문을 가지는 사람도 있겠지만, 장기간이 소요된 사건의 내용을 살펴보면, 당사자 쌍방이 합의할 수 있는 포인트(계기)가 없거나, 있다 하더라도 아주 작기 때문에 보통의 방법으로는 쉽게 화해에 이를 수 없다는 사실을 알 수 있다. 천체망원경으로 갑자기 눈에 띄는 별을 탐구하는 것과 같은 상황에 비유할 수 있다.

그러므로 임기응변을 동원해도 잘 되지 않고, 여러 가지 방법을 바꾸어 시행착오를 수 없이 경험하지 않으면 제 갈 길로 들어설 수 없으므로, 최종 목적지를 좀처럼 알기 어렵다. 심한 경우에는 원피고와 함께 목적지도 없는 여행을 떠나 황야를 방황하거나, 당사자와 오월동주(吳越同舟)의 신세가 되어 표류하는 경우도 있다.

이와 같이 결론을 예측할 수도 없고 목적지도 없는 여행을 떠나는 것은, 과거에는 해서는 안 될 방법으로 치부되었다. 그러나 경험 많은 법관들은 화해에 1년 이상 걸린 사건은 거의 대부분이 화해가 되었다고 말한다. 그러므로 불안해하거나 두려워 말고 끈기 있게 시도하여 성공의 경험을 쌓아가기 바란다. 설혹 실패하더라도 그것이 귀중한 경험이 된다. 끝까지 해보지 않고 중도에 포기하는 것은, 결론을 스스로의 눈으로 확인할 수 없기 때문에, 다음 사건을 해결하는데 아무런 도움이 되지 않는다.

그리고 1년 이상 걸리면 대부분의 사건이 화해가 되는 것은 또 다른 이유가 있다. 그것은, 법관이 열의를 가지고 화해를 시도하는 상황에서, 인간적으로 당사자들의 의식이 화해를 성사시켜 법관을 기쁘게 해주려는 방향으로 변화한다는 것이다.

거기다 당사자 사이에서도 화해를 통한 해결이라는 공동작업을 해나가는 과정에서, 상대방에 대한 대립적인 감정이나 요소가 희박하게 되고, 당사자 쌍방의 공통된 이익을 찾으려는 방향으로 의식이 변화된다.

(2) 처음부터 최종 목표를 단번에 달성하려고 하지 말고, 먼저 작은 합의를 한다. 자동차를 운전할 때, 고속기어로 달리는 것이 목적이지만, 그 이전에는 저속기어로 발진하는 것이 전제가 되어 있다. 즉 자동차를 운전하기 위해서는 먼저 저속기어로 발진할 수 있는지 여부가 중요하다. 좀 더 구체적으로 말한다면 시동이 걸릴 것인가 여부가 핵심적인 문제이다.

그러므로 화해에서도 위와 같이 시동이 걸리는 단계를 우선의 목표로 삼아야 한다. '백리 길도 한걸음부터'라는 속담이 있지만, 화해의 출발점이라는 관점에서 볼 때 아주 적합한 말이다. 아무리 작은 것이라도 법관의 주도로 합의를 성립시키는 것이 중요하다. 이것이 백리길 화해에서 첫 걸음이 되는 것이다.

예를 들자면, 회사와 노동조합이 정면으로 대립하고 있는 노동사건에서는, 해고, 임금차별, 단체교섭거부, 시설이용 문제, 급료에서 임금 공제(check off) 등 모든 점에서 많은 종류의 대립이 있다. 물론 이를 모두 해결하는 것이 화해의 목표이지만, 노사의 상호불신이 극한에 이른 상황에서는 바로 본론에 들어가는 것조차 힘든 경우가 많다.

본론에 들어가기 전에 조금 뜸을 들일 필요가 있다. 그럴 때 누구라도 사용할 수 있는 괜찮은 방법이 있다. 노동사건 재판에서는 보통 회사측의 노무담당자와 조합측의 책임자가 법원에 출석한다. 회사측 사람은 업무로 나왔으므로 휴가를 낼 필요가 없지만, 노합측 사람은 법정출석이 조합활동이지 회사업무가 아니므로 휴가를 얻어야 한다. 이것은 조합측으로 보아서는 상당히 불리하다.

필자는 화해에 들어가기 전에, 회사측에 대하여 "재판(변론)은 다툼의 장소이므로 이치적으로 볼 때 조합원은 회사의 업무가 아니어서 당연히 휴가를 얻어 출석해야 하지만, 화해는 원만히 분쟁을 해결하기 위한 교섭의 장소이고 회사측에도 이점이 있으므로, 화해기일에 출석할 때에 한하여 그에 필요한 숫자의 조합측 사람들에게 특별휴가를 주도록 배려해 달라"고 요구하였다.

이러한 점은 보통사람은 잘 모르는 사실이므로, 그러한 제안을 하는 법관은 근로업무를 잘 알고 있다는 인상을 줄 수 있다. 근로자측은 그 정도의 배려도 회사에서 받아들이지 않을 것이라는 불신감을 가지고 있다. 그러나 회사측에서 볼 때 그 정도라면 매우 사소한 양보이고, 그런 것에 집착함으로써 법관으로 하여금 세상 물정도 모르는 회사라는 인상을 줄지도 모른다는 생각에 대개는 이를 받아들인다.

이러한 작은 합의는 법관이 주도로 하는 것이니만큼, 그 후의 화해절차에서도 법관의 운용능력에 긍정적인 영향을 미친다. 이러한 작은 배려를 하면서 화해에 들어가는가, 그렇지 않고 별 생각 없이 시작하는가는 결과적으로 볼 때 커다란 차이가 발생한다. 특히 어려운 사건에서는 사소한 행동이 나중에 결정적인 차이를 가져오므로 결코 경시해서는 안 된다.

(3) 사건을 떠나서 당사자 쌍방이 현재 가장 어렵게 생각하는 문제를 잠정화해로 해결한다.

20년간 분쟁이 계속되어 온 임금차별이 쟁점이 된 노동사건에서 잠정화해를 사용한 사례를 소개한다. 이 사건은 화해절차에 들어가기 전에 그 사건과는 별개로 조합측이 사용자의 긴급명령 위반을 이유로 법원에 과태료 부과를 신청한 상태였다. 과태료 결정이 나온다면 사용자측이 강경한 입장을 취하여 분쟁해결이 어렵게 될 우려가 있었다.

화해에서 최초의 목표는 과태료사건을 원만하게 해결하는 것이었다. 과태료 사건은 회사가 부지 내에 있는 별관건물에서만 단체교섭에 나서겠다고 한 것이, 부지 내에서 단체교섭을 하라고 명한 긴급명령에 위반하는가 여부에 관한 것이었다. 의제·시간·출석자의 범위에 관하여는 대립이 있었으나, 단체교섭의 방식으로 잠정적인 합의를 함으로써, 과태료사건을 불처벌로 종결하는데 성공하였다. 이렇게 함으로써 회사측에 목의 가시와 같은 문제를 해결하고, 다음 문제로 들어갈 수 있었다.

그 다음은 임금에서 조합비 공제와 시설이용의 문제였다. 이 문제도 심각한 대립이 계속되었다. 조합비 공제는 회사측이 인정하면 당상 실행될 수 있는 문제이므로, 노사간에 추상적인 합의가 성립하면 되지만, 시설이용문제는 이용시간·이용목적·이용횟수 등에서 대립이 있었고, 거기다 이용절차에 관해서도 언제 신청해야 할 것인가에 대하여, 이용자측의 생각과 관리자측의 생각이 대립하여 조정이 매우 까다로운 사건이었다.

시설이용문제는 추상적인 합의가 성립하는 것만으로는 제대로 운용될 수 없기 때문에, 1건마다 개별적으로 사용 가부를 검토하기로 하였다. 당사자 쌍방의 의견이 대립할 때는 법관이 그 문제에 관하여 개별적인 조언을 하면서, 시설 이용을 인정하는 것으로 하여 일정한 기준을 만들어 운용하였다.

이 문제가 끝나자 다음의 목표는 그때까지 노동위원회에서 발령된 명령에 따른 차별임금을 우선 지급토록 하는 것이었다. 이렇게 함으로써 노동차측에 대한 빠른 구제를 할 수 있고 동시에 화해성립의 날이 가까워졌다는 사실을 당사자가 모두 몸 전체로 느끼게 하는 효과가 있었다.

임금을 우선 지급하는 문제도 우여곡절은 있었으나 결국 합의에 이르게 되었다. 이 단계까지 오면 등산에 비유한다면 힘들여 산에 올라 정상이 비로소 보이는 상황이라 할 수 있다. 이 정도까지 와서 정상에 올라가보지도 않고 바로 하산한다는 것은 있을 수 없고, 기어서라도 정상에 올라가겠다는 생각이 들기 마련이다.

그리고 10년 이상 노사분쟁이 계속되던 서점 사건에서는, 해고자 전원의 복직을 요구하는 근로자측과 이를 거부하는 경영자측의 대립이 격화되어, 막다른 골목에 이른 상태였다. 이러한 상황을 타개하기 위해서는 교섭만으로는 부족하고, 무언가 쌍방이 공동행위를 하지 않으면 안 된다고 생각하였다.

그래서 생각해낸 것이 잠정취업이라는 방식이었다. 즉 해고근로자 전원에게 1개월 동안 잠정적으로 직장에 복귀하여, 실제로 근무하도록 하고, 잠정취업기간이 끝난 후에, 화해교섭을 재개하는 것이다. 이러한 잠정취업을 합의하는데 1년 이상이 소요되었다.

그 때문에 잠정취업을 실시하는 도중에 필자가 다른 부서로 이동하게 되어, 다른 판사가 그 일을 맡게 되었으나, 결국 파트타임으로 근무하던 사람들 외에는 모두 복귀하는 것으로 화해가 성립되었다. 잠정취업을 한 후 3개월 정도가 지나서 합의가 성립되었다고 한다. 잠정취업이 바로 복직으로 연결될 것인가에 대하여는, 이를 처음 생각할 무렵에는 누구도 알 수 없었으나, 잠정취업에 따라 쌍방이 현실적으로 복직이 가능할지 여부를 피부로 느낄 수 있었기 때문에 그 후의 화해교섭이 실질적인 중요사항에까지 미칠 수 있었을 것이라고 생각할 수 있다.

여담이지만, 이렇게 대립이 격화된 당사자들 사이에서 잠정취업이라는 쌍방이 공동으로 하는 행위를 잠정적이지만 하게 하는 것은, 지금 당장에도 어려운 분쟁이 발생하고 있는데, 또 다시 새로운 분쟁의 불씨가 되는 것은 아닌가 하는 우려를 가진 사람도 있을 것이다. 그러나 현실적으로는 이와 같은 불안감이 오히려 잠정합의를 성공으로 이끄는 원동력이 되었다.

경영자측으로서는 어차피 성실하게 근무하지 않을 것이라는 불신감이 있으므로 요구수준이 낮다. 한편 근로자측은 보통의 각오로 근무해서는 경영자로부터 제대로 평가받지 못할 것이라는 불신감이 있으므로, 트집을 잡히지 않도록 제대로 근무하려고 한다. 그래서 생각 외로 근무상태가 잘 운영될 수 있다. 어려운 사건일수록 잠정적 화해는 유효한 수단이 된다.

(4) 마지막 단계에서의 박력이 필요하다. 스포츠에서 '마지막 스퍼트'라는 말이 있지만, 화해에서도 마찬가지로 말할 수 있다. 어려운 사건에서는 최종단계에서도 대립의 대부분이 해소되지 않는다. 중반까지는 충분히 시간을 들여 사소한 합의의 성립을 목표로 하지만, 종반에는 한꺼번에 남은 문제를 모두 해결해야 한다.

대략적인 감각에 따른 표현을 한다면, 초반은 10%의 시간으로 1%의 합의를 목표로 하고, 중반은 80%의 시간으로 9%의 합의를 목표로 하며, 종반에는 10%의 시간을 들여 나머지 90%의 합의를 목표로 해야 한다.

남은 사항을 일괄 해결하기 위하여는, 쌍방에게 각자 서면으로 화해안을 적어내라고 요구한다. 그 후 그것을 서로 교환하여 수정안을 만들어 제출하도록 한다. 보통 수정안의 단계에서도 계속 대립이 심하므로 교섭을 계속하는 것만으로는 합의를 이끌어내기가 어렵다.

이 단계에서는 법원이 직권안을 낸다. 쌍방이 인정할 수 있는 안을 만들 수 있을지 여부는 법관의 수완에 따라 다르겠지만, 직권안으로서 나온 이상 쉽게 수정할 수도 없고, 법원도 이에 구속되어, 사소한 점에 관한 대립이 치명적일 수 있다. 이러한 어려운 사건의 경우에는 직권안은 복잡하게 낼 수도 있고 단순하게 낼 수도 있다.

직권안을 복잡하게 내는 경우에는, 어느 사항은 원고에게 유리하게, 어느 사항은 피고에게 유리하게 하는 식으로, 어느 쪽에 유리한지 확실히 알 수 있는 사항을 먼저 넣는다. 그 밖의 사항은 법원이 객관적 기준이나 생각에 따라 작성할 수 있는 경우에는 그에 따르고, 그렇지 않은 경우에는 더하여 둘로 나누는 방식을 취한다. 달리 방법이 없는 경우에는 더하여 둘로 나누는 방식은 훌륭한 응용형이 될 수 있다.

직권안을 단순하게 내는 경우에는, 쌍방이 모두 만족할 수 있는 안을 만드는 것보다는, 쌍방이 모두 불만이 있다는 점을 양쪽이 다 알 수 있는 안을 낸다. 상대방도 매우 불만으로 생각한다는 것을 앎으로써, 그 안이 공평하다고 생각할 수 있다. 즉 자기만이 불리하게 취급된다는 불만은 없도록 하는 것이 포인트다.

논점이 많은 상황에서 당사자의 태도가 불투명한 부분이 있는 경우에는, 최소한 필요한 사항만으로 범위를 좁혀서 안을 만들고, 그 이외의 사항에 관하여는 계속 교섭을 진행하여, 합의가 되면 추가하여 화해조항에 넣고, 합의가 되지 않은 경우에도 당초의 화해안대로 화해를 성립시킨다는 약속을 받아 놓는다. 이러한 약속을 받을 수 없는 경우에는 화해를 중단한다. 이렇게 하면 기본적 합의가 되어 있으므로, 사소한 대립으로 화해 전체가 성립되지 않을 위험성이 감소된다.

어쨌든 어느 정도의 융통성은 자동차의 브레이크나 핸들의 유격(裕隔)과 같이 화해절차에서도 필요하다. 노동사건에서는 화해가 성립될 날이 가까워지면 여러 가지 문제점이 새로 나오기 마련인데, 법관으로서는 이러한 문제도 가능하면 해결될 수 있도록 노력할 것이지만, 그것이 해결되지 않더라도 화해의 성립에는 영향을 받지 않도록 하는 수완이 필요하다. 마지막 단계에서는 화해조서에는 넣지 않고 당사자 쌍방이 말로 하는 양해사항과 법관의 견해표명 등으로 사태를 수습하는 노하우가 필요한 때도 있다.

10. 화해운영의 이념적 모델
(교섭중심형과 심증중심형)

화해기술론은 보다 나은 화해를 위한 합목적적 논의이므로, 어디까지나 현실의 실무(의학으로 말하면 임상의학)가 중심이 되지만, 화해절차의 본질이 무엇인가 하는 이론적(의학으로 말하면 기초의학)인 점도 검토할 필요가 있다. 임상과 기초, 실무와 이론 사이를 계속하여 서로 피드백하는 것도, 자신의 화해방식을 반성하고 새로운 길을 모색하기 위하여 필요하다.

화해절차의 본질은, '판결절차 안에서 법관의 매개(媒介)로 분쟁해결을 목적으로 하는 당사자 사이의 교섭'이다. 이것을 분석하면 '판결절차 안에서 법관이 주재하는 절차'라는 요소와, '제3자인 법관이 매개하는 당사자 사이의 교섭'이라는 요소의 2가지로 나눌 수 있으므로, 이념적으로는 판결절차 안에서 법관이 주재하는 절차를 중심으로 생각하는 모델과 제3자인 법관이 매개하는 교섭을 중심으로 생각하는 모델이 나올 수 있다. 전자를 심증중심형, 후자를 교섭중심형이라 부른다.

심증중심형[42]은 화해절차의 본질 중에서 법관이 주재한다는 요소를 중시하므로, 법관은 변론절차와 같이 판단자의 입장을 유지하여, 교섭으로서의 면, 특히 당사자 사이의 흥정을 배제해야 한다는 사고방식이다. 화해절차를 통제하는 것은 법관의 심증이고, 당사자에 대한 최대의 설득방법은 승소 가능성이다.

이에 대하여 **교섭중심형**은 화해절차의 본질 중에서 제3자가 매개하는 교섭이라는 면을 중시하므로, 법관은 당사자 사이의 교섭이 성립할 수 있도록, 당사자 사이의 대화를 촉진하는 제3자의 입장에 선다. 화해절차를 통제하는 것은 당사자 사이의 대화이고, 그 밑바닥에 깔린 것은 당사자에게 내재하는 자주해결능력에 대한 신뢰이다.

이러한 2가지 형태는 어디까지나 관념적인 구분이므로, 각각의 결점이 있고, 현실적으로는 이들을 순수한 형태로 유지할 수는 없다. 심증중심형의 문제점은 법관과 당사자 사이의 거리가 멀고, 당사자의 주체성이 약화된다는 것이다. 법관은 판결의 결론을 예측하여 이를 기초로 타당하다고 생각하는 화해안을 만들어 이를 당사자에게 제시하고, 당사자의 의견을 들어 약간의 수정을 하는 방식으로 하게 될 것이다. 이 때문에 처음부터 그 범위가 지나치게 좁게 설정되어 있어서, 당사자가 좋은 해결책을 서로 내어 놓으며 타당한 화해안을 만들어간다는 요소가 결핍되어 있다.

당사자들은 결국 법관의 화해안을 받아들이느냐 여부만을 결정하는

---

42) 여기서 심증이라 함은 분쟁에 관한 사실과 법률에 대한 법관의 판단을 말한다. '판단중심형'이라고 말할 수도 있다(역자 주).

수동적인 입장에 서게 되고, 또한 법관의 입장에서 본다면, 당사자의 심정을 고려하여 설득하기 보다는, 싫다면 언제든 판결로 가겠다는 설득방법을 사용하게 되어, 당사자의 입장에서 본다면 불만을 품은 화해가 될 여지가 비교적 많다

이에 대하여 교섭중심형의 문제점은, 당사자 사이의 교섭을 중심으로 하기 때문에, 당사자 사이에 힘의 강약이 있을 때 일방적인 교섭으로 끝나게 되거나, 성립한 합의의 내용이 법의 취지에 어긋나거나, 판결의 결론과 크게 다를 위험성이 있다.[43] 특히 당사자 일방이 강하게 자신의 주장만을 고집하는 경우에 득을 보고, 마음이 약한 쪽이 손해를 보는 경향이 있다.

또한 당사자 중에는 법원의 공정한 판단을 기대하여 굳이 조정절차가 아닌 소송을 선택하는 사람도 상당수 있을 것이고, 이러한 당사자는 법관이 강력한 리더십을 발휘해 주기를 기대하기 마련인데, 당사자의 교섭에 맡기는 법원의 대응방식은 그러한 기대를 저버리게 되어, 법원에 대한 불신을 불러일으킬 수 있다.

결국 심증중심형과 교섭중심형의 어느 것도 이념적으로 상정된 순수

43) 가사조정에서도 조정합의설(합의에서 그 본질을 찾아내어 당사자를 조정의 주역으로 보는 사고방식)과 조정재판설(혹은 조정판단설; 판단에서 그 본질을 찾아내어 조정기관을 조정의 주역으로 보는 사고방식)의 대립이 있다. 다수설은 조정합의설을 취하고 있으나, 가사조정의 특수성 때문에 당사자의 합의가 권리의 성질상 기대되는 내용이 아닐 때는 조정재판적인 요소가 필요하다는 설도 유력하다(카지무라 다이치 저, 서울가정법원 가사조정실무연구회 역, 이혼조정가이드북, 사법연구지원재단, 2008, 32면 이하 참조). 가사문제의 공익적인 측면 때문에 조정에서도 민사조정과는 다른 시각이 필요한 것은 당연하다(역자 주).

한 형태로는 현실에 맞지 않는 불합리한 결과가 생기므로, 현실의 모델로서는 양쪽을 융합한 형태가 되어야 한다.

심증중심형의 입장에서 그 결점을 회피하려면 교섭의 요소를 보다 확대해야 할 것이다. 심증중심형의 과제는 판결의 결론이 타당성이 없는 경우에, 구체적 타당성이 있는 화해를 성립시킴으로써 판결이 가져올 불합리성을 회피하는 것이지만, 이러한 경우에 당사자 사이에 원만한 대화가 없다면 승소가 확실한 당사자에게 양보를 얻어내기 어렵기 때문이다.

또한 교섭중심형의 입장에서 그 결점을 피하기 위해서는, 심증에 기초를 둔 법관의 조언과 지도가 반드시 필요하다. 교섭중심형의 과제는 억지를 부리는 당사자에게 이득을 주지 않는 것이다. 당사자가 이치에 맞지 않는 고집을 부릴 때에는 법률에 따른 판단, 즉 판결의 결론을 항상 염두에 두고 강력하게 설득하거나, 때로는 의연한 태도를 보여주어야 하는 경우도 있다.

이와 같이 현실적인 모델에서는, 심증중심형에도 교섭을 가미할 필요가 있고, 교섭중심형이라도 심증을 가미할 필요가 있다. 그러므로 현실적인 방법으로서는 양쪽 모델을 융합하여(융합형), 판결의 결론을 예측하면서, 보다 나은 해결책을 찾아서, 사건의 사안·내용·당사자의 의식·감정 등을 고려하여 심증중심형과 교섭중심형 사이에서 운용의 묘를 발휘할 필요가 있다.

다만 과거 법관들 중에는 심증절대주의 관념이 확고하게 뿌리내려 있어, 교섭적 사고는 지나치게 무시되거나 경시되는 경향이 있었기 때문에, 아직도 교섭의 중요성을 강조할 필요는 있다.

또한 융합형이라 하더라도 심증중심형과 교섭중심형 중에 어느 쪽 모델을 기본적으로 취하느냐 하는 이론적 문제점이 남아 있고, 현실적인 화해운영에서도 어느 쪽을 기본으로 생각하느냐에 따라 상당한 차이가 생긴다. 필자는 교섭중심형을 기본으로 심증을 가미하는 방식(심증을 가미한 교섭중심형)을 택하고 있다.

그 이유의 첫째는, 민사관계는 누가 뭐래도 사적자치가 기본이므로, 민사분쟁을 해결할 때도, 당사자에 의한 자치적 해결이 우선되어야 하기 때문이다.

두 번째 이유는, 교섭은 당사자가 분쟁을 해결하기 위한 가장 기본적인 수단으로서, 현실 사회에서 발생하는 분쟁의 대부분은 당사자 사이의 자주교섭에 따라 해결된다는 점이다. 그러므로 법원까지 오는 사건은 극히 소수이고, 분쟁해결제도 전체의 관점에서 본다면 교섭에 의한 해결의 방식이 원칙적인 위치를 차지한다는 점이다.

세 번째는, 법원의 화해절차가 판결절차 안에서 법관의 주재 아래 진행된다는 점은 다른 분쟁해결제도에 없는 특징이지만, 그것은 어디까지나 다른 제도와 비교할 때의 특징이고, 화해절차의 본질 중에서 가장 기본적인 요소라고 할 수는 없기 때문이다.

네 번째는, 당사자에게는 본래 자신의 힘으로 분쟁을 해결할 수 있는 자연의 힘이 있고, 그 힘을 충분히 이끌어내기 위해서서는, 당사자 스스로 분쟁의 문제점을 파악하여 해결하려는 노력이 필요하다. 이를 위해서는 당사자를 교섭의 주체로 인식할 필요가 있다.

앞으로 화해를 운영할 때, 이러한 교섭의 관점을 도입한다면, 화해운영의 폭과 깊이가 확대되고, 당사자의 요구에 맞는 범위도 넓힐 수 있을 것이다. 또한 교섭술・설득술・수사학(修辭學)・대인(對人)사회심리학・인간학 등의 성과도 이용할 수 있고, 그와 함께 화해기술론의 폭과 깊이도 확대될 것은 말할 나위도 없다.

11. 화해기술론과 화해절차론

화해절차론이라 함은, 법관이 화해를 시도할 때 절차적 규제가 필요하다는 논의로서, 山本和彦 교수와 垣內秀介助 교수가 근래 유력하게 주장한 것이다.

1996. 5. 19. 열린 제66회 일본민사소송법학회 미니심포지엄에서는, '소송절차에서 합의'라는 주제가 논의되었는데, 山本和彦 교수는 다음과 같이 화해절차론의 필요성을 주장하였다.[44]

> 소송상 화해에서 현재 최대의 과제는 그 절차적 규제의 충실에 있다. 소송상 화해의 유용성은 실무・학계 모두 원칙적으로 인정하고 있고, 화해 성립을 위한 방법론으로서 '화해기술론'의 연구는 상당한 진전이 있다. 그러나 화해도 재판제도라고 하는 국가의 권력 장치 내부에서 시행되는 행위인 이상, 그 권력적 측면을 고려할 필요가 있다. 이러한 관점에서 볼 때 화해에서 (그것이 아무리 화해성립에 도움이 된다 하더라도) 해서는 안 될 것을 규정하는 '화해절차론'의 정비가 공법인 민사소송법에서는 반드시 필요한 과제라 생각한다.

44) 民事訴訟法雜誌 43호 113면, 1997년.

이러한 화해절차론은 필자를 비롯한 실무가들이 지금까지 전혀 생각해보지 못한 것이었다. 왜냐하면 소송상 화해는 선고되기까지 결과를 알 수 없는 판결과는 달리, 분쟁을 어떠한 조항(방식)으로 해결할 것인가 하는 문제를 중심으로, 그 조항의 내용에 관하여 교섭하고 합의에 이르는 것이므로, 절차적 규제는 그다지 필요하지 않다고 생각해 왔기 때문이다. 또한 소송상 화해라고 하여 소송외의 화해와 그 본질이 다르지 않아, 소송상 화해에 대하여만 절차적 규제를 요구하는 것은 타당하지 않다는 사고도 근저에 있었다. 그런데 화해절차론의 제기로 눈이 번쩍 뜨이게 되었다.

필자의 화해기술론은 결국 어떻게 하면 당사자가 납득할 수 있는 화해를 할 수 있는가 하는 화해기술에 관한 논의이다. 종래 법관 개인이 각자 연구하여 훌륭한 화해기술을 가지고 있다고 하더라도, 그것이 개인의 기술로서 매몰되고 있는 상황을 우려하여, 화해기술을 법원의 공통 자산으로 삼기 위하여 화해기술에 관한 논의를 하는 것이 유용하다는 것이다. 이를 위하여는 화해절차를 정태적(情態的, stationary)이 아닌 동태적(動態的, dynamic) 과정으로 파악하고, 화해성립을 목표로 하여 그 목표달성에 유용한 여러 가지 기법을 도입하기 위하여는 법관에게 넓은 절차재량을 인정할 필요가 있고, 법관의 화해 권유방식을 절차적으로 규제하는 데에는 거부감을 가지고 있었다.

그러나 소송상 화해는 판결이라는 강제권력을 행사할 수 있는 법원이 중개하여 시행하는 것으로서, 제도상 필연적으로 당사자에 대한 간접적 강제의 계기가 존재한다. 또한 화해조서에는 집행력이라는 실체

법적 화해계약에는 없는 강력한 효력이 인정되고, 화해가 실패한 경우에 판결의 가능성을 염두에 두고 생각할 필요가 있다. 소송상 화해에 이러한 특수성이 있다는 것은 부정할 수 없고, 이러한 점은 법관도 유의해야 하고 실제로 화해절차를 주재할 때 배려해야 하지만, 이를 절차적 규제라고 표현하는 것이 타당한지는 의문이다. 오히려 화해를 시도하는 법관에게는 당사자가 납득할 만한 절차적 배려의무가 있다고 표현하는 것이 좋지 않을까 생각한다. 그리고 절차적 배려의무위반이 중대한 경우에는 위법하다고 평가될 수 있을 것이다.

절차적 배려의무를 법관의 의무라고 한다면, 화해기술론과는 어떠한 관계가 있는가 하는 문제가 떠오른다. 화해기술론은 법관의 자유재량을 기본으로 하는 것이지만, 어떠한 화해라도 성립하기만 하면 좋다는 것은 아니고, 당사자가 납득하는 바람직한 화해가 되어야 한다는 것이므로, 화해기술론의 입장에서 볼 때도, 당사자가 납득할 수 있는 화해절차가 될 수 있도록 절차적 배려를 하는 것은 당연하다고 말할 수 있다.

이와 같이 절차적 규제를 주장하게 된 배경에는 현재 화해가 매우 빈번하게 시행되기 때문이 아닌가 생각된다. 왜냐하면 화해에 관하여 여러 가지 불만이나 비판이 있다는 것은 그만큼 화해의 존재가치가 있다는 것을 뒷받침한다고 할 수 있기 때문이다. 과거에는 화해주의자인 법관들은 상당한 비판을 감수하고 자신의 입장을 밝혔지만, 화해가 일반화되어 있는 현재로서는 화해에 관한 여러 가지 의견이 다양하게 나오고 있다. 이러한 견해들도 화해제도 이용자의 귀중한 목소리로서 법

원 역시 경청해야 할 시대가 온 것이다.[45)]

45) 草野芳朗, “화해기술론과 화해절차론”, 新當滓司선생 고희기념 · 민사소송법이론의 새로운 구축(상권), 491면(有斐閣, 2001년) 참조

12. 화해가 서툴다고 생각하는 사람들에 대한 조언

지금 당장은 화해가 서툴지만 화해에 능숙한 달인이 되고 싶은 사람들에게 필자가 하고 싶은 말이 있다. 그것은 '자신의 성공 사례에서 배우라'는 것이다. '실패는 성공의 어머니'라는 격언이 있고, 그 또한 틀린 말은 아니다. 필자도 실패한 경우에, 실패한 이유와, 다음에는 이렇게 해 볼까, 이런 식으로 말을 해볼까 하고 여러 가지 궁리를 한다. 그렇게 함으로써 화해기술론이 개발되어 온 것도 사실이다.

그러나 위와 같은 일은 누구든 의식하든 의식하지 않든 간에 모두 하고 있기 때문에, 특별히 의식하여 실행하겠다는 마음가짐을 가질 필요는 없다. 특히 화해기술을 터득하기 위하여 노력하는 사람이라면 누구나 하나같이 실행하고 있을 것이다.

그보다 필자는 '자신의 성공사례에서 배우라'고 말하고 싶다.

아무리 화해에 서툰 사람도 지금까지 한두 번 정도는 화해에 성공한 적이 있을 것이다. 그때 어떻게 하여 성공하였는지, 그 원인을 생각해 보기 바란다. 그리고 이를 다른 사건에 응용하면 된다. 원고와 피고로

갈려서 법원의 재판을 구하기까지 진행된 사건은 좀처럼 쉽게 화해될 수 있는 것은 아니므로, 화해가 되었다면 거기에는 무언가 이유나 비결이 숨어 있다.

운이 좋았던 경우도 있었을지 모르지만 운도 실력이다. 이렇게 하니까 운이 좋았던 것이 아닐까 하고 생각하는 가운데 자연스럽게 행운을 불러들일 수 있다.

자기 방식의 장점을 깨닫게 되면 이를 다른 사건에도 응용할 수 있다. 그리고 다른 사람이 하는 방식의 장점도 자연스럽게 받아들일 수 있다. 다른 사람의 기술을 자기 것으로 만들기 위해서는, 자기의 장점을 몰라서는 안 된다.

필자는 지금까지 몇 번인가 다른 법관들로부터 "당신이 말하는 대로 해보았지만 실패하였다. 나는 잘 되지 않아"라는 말을 들은 사실이 있다. 필자가 그 말을 들을 때 항상 생각하는 것은, 자신이 본래 가지고 있던 기술을 모두 버리고, 필자의 기술을 받아들여서는 제대로 될 수 없다는 것이다. 자신의 기술을 기본으로 하여, 필자의 기술을 응용하여 가미하였어야 한다.

필자의 화해기술도 한마디로 말하자면 필자가 성공한 사례 중에서 도움이 된다고 생각되는 것을 추출한 것에 불과하다. 그런데 이것이 '자신의 성공사례에서 배우라'는 것을 무의식적으로 실천하였다는 것을 이제 와서 깨닫게 되었다.

그러므로 화해가 서툴다고 생각하는 사람은 '자신의 성공사례에서 배우라'는 말을 실행할 것을 권한다. 이것은 화해에 한정되지 않고, 판결이나 법원의 다른 절차에서도 다르지 않다.[46] 이러한 개인의 노력이 쌓인다면, 미래가 불투명하고 분쟁해결이 점점 더 어려워지는 현대사회에서도, 국민의 신뢰에 부응할 수 있는 사법의 역할을 원활히 수행할 수 있을 것이다.

여담이지만, 주위 사람들로부터 실패한 사례도 소개하여 달라는 말을 듣는다. 그러나 실패라는 것은 아직 성공하지 않은 단계를 표현하는 말이고, 성공으로 가는 과정의 한 모습에 지나지 않는다. 그러므로 설혹 설득에 성공하지 못하여 화해를 일시 중단하더라도, 나는 그것을 실패라고 생각하지 않는다.

---

46) 아무리 훌륭한 설득기술이라도 이를 자신의 것으로 만들어야 한다. 즉 다른 사람의 옷을 빌려 입은 것처럼 해서는 안 된다. 이를 위해서는 스스로 구체적 사건에서 설득기술을 실험해야 하고, 불편하고 긴 적응기간이 필요하다. 그리하여 그 기술에 스스로 자신감을 가지고 믿을 수 있을 때 성공의 가능성이 높아진다(You will maximize your negotiation power if you believe what you say and say what you believe. Roger Fisher, 앞의 책, 187면, 역자 주)

13. 제1부의 마지막으로

이 책은 분쟁해결이라는 필자의 직무 중에서 화해에 초점을 맞추어, 실무가인 법관이나 변호사, 소송이론을 연구하는 학자들에게, 화해기술에 관한 생각을 참고자료로 소개하기 위한 목적으로 집필한 것이다. 그런데 책을 쓰다 보니 필자 자신이 인간에 대한 탐구, 즉 인간학을 연구하는 것 같은 착각에 빠지게 되었다.

화해는 분쟁해결의 한 국면이지만, 그것은 사람과 사람 사이에 생기는 일이고, 이를 해결하는 근본 또한 사람이다. 그리고 그러한 사실을 필자 스스로 어떻게 생각하는가를 이 책에서 서술하였다.

인간의 관점에서 본다면, 우리가 태어나기 훨씬 전부터 사람이 존재하였고, 분쟁도 그 때부터 발생해 왔다. 재판제도가 존재하지 않았던 과거에도 인간은 예지를 모아 분쟁을 해결하여 왔고, 거기에서 인간의 지혜를 찾을 수 있다.

현실적으로 한 사람의 인간인 필자 자신을 보더라도, 분쟁해결 업무 이외에도 법원의 다른 업무, 직장 내외의 인간관계, 가정이나 친족관계에서 여러 가지 행동을 하고 있고, 그 모든 것에 통용되는 인간으로서의 기본원리가 있을 것이다.

이 책이 오랜 옛날부터 전해 내려온 인간의 지혜와 인간으로서의 기본원리에 벗어나지 않는 내용이라면, 재판제도에 익숙하지 않은 일반인들이 읽더라도 충분히 이해할 수 있고, 분쟁이 법원에 오기 이전에 자주적인 교섭을 할 때도 응용할 수 있을 뿐 아니라, 일상생활에도 도움이 될 수 있다는 생각이 든다.

이 책에는 이러한 점들이 아직 충분히 검토되지 않았고, 더욱이 완성되었다고는 물론 말할 수 없지만, 인간학적인 화해기술을 지향하여 이를 더욱 발전시키기 위한 이정표가 되었으면 한다.

※ 기존 화해기술론의 설명은 이로서 마친다. 필자가 법관시절에 쓴 화해기술론은 여기까지이나, 필자는 학습원대학 교수가 된 후에도 화해에 대한 관심과 열정은 여전하였고 새로운 안목에서 발전하였다. 아래 제2부(14장 이하)는 필자의 법관 퇴임 후에 화해기술에 대한 발전상을 설명한다.

제 2 부

법관 퇴임 후 화해기술론의 발전

14. 학습원 대학교수가 된 후의 관심

(1) 대학교수로서의 출발

필자는 2006년 히로시마고등법원 부장판사를 마지막으로 법관을 사임하고 학습원대학 법학부 교수가 되었다. 당연한 일이지만 그 후에는 법관으로서 화해업무에 관여할 수 없게 되었다. 필자의 화해기술론은 사건을 실제로 담당함으로써, 그 사건에서 에너지를 흡수하고 성장하여 온 것이므로, 퇴임 후에는 이러한 에너지원이 차단되어 마치 뿌리 잘린 나무 신세로 변해, 결국에는 말라 죽지 않을까 하는 걱정을 하였다.

그러나 이는 기우에 불과하였다. 학습원대학에서는 법학부와 법과대학원 수업을 함께 하면서, 법학부 교수로서는 민사소송법, 도산법, 재판법, 교섭법 연습, 기초연습을, 법과대학원에서는 민사절차법연습('화해와 교섭'), 민사소송법연습과 기안지도를 담당하였고, 학생들로부터 받는 젊은 에너지가 법관 시절보다는 더 젊은 나를 만들어 주었다. 법과대학원의 실무교수가 아니라 법학부의 연구교수로 임명되었기 때문에, 대학의 각종 위원회에서 위원과 부속 연구소의 연구원이 되었고,

2010년 발족된 학생센터의 초대 소장도 맡게 되었다. 이를 계기로 다른 학부의 교원, 학생, 교직원과 친밀하게 교류하게 되어, 필자의 대학생활을 더욱 다채롭게 하고 시야를 넓힐 수 있는 기회를 가질 수 있었다. 대학 밖에서도 민사소송법학회, 법사회학회, 중재·ADR법학회를 비롯한 학회활동, 법령정비 지원활동, 강연활동으로 많은 사람들을 만날 수 있었다.

2016년 학습원대학을 70세로 정년퇴직하고, 현재는 변호사활동을 주로 하고 있다. 소송사건은 많지 않지만, 법률상담을 많이 하고 있고, 대리인으로서 화해교섭을 하는 경우도 있다. 또한 동경변호사회 분쟁해결센터 알선인, 東京都 건설공사 분쟁심사위원, 원자력손해배상 분쟁해결센터 화해중개위원으로 ADR활동에 여전히 종사하고 있다.

(2) 화해의 관심영역 확대

교섭과 관련된 필자의 본래 관심은, 재판에서 소송상 화해로 대표되는 분쟁해결교섭이었으나, 학습원대학 법학부학생의 태반은 법률관련 직업이 아니라 기업에 취직을 하고 있다는 현실적 문제를 도외시할 수 없었다. 그래서 학생이 졸업하고 기업에 취직한 후에 충분히 활용할 수 있도록, 비즈니스교섭에도 관심을 넓혀서, 교섭이론, 구체적 교섭술, 커뮤니케이션 기법 등을 지도하였다. 다만 필자로서는 재판실무의 경험은 풍부하지만, 비즈니스를 한 경험은 없고, 또한 국제거래에 사용되는 용어 등은 알지 못하여 힘이 많이 들었다. 그러나 역할분담(role play)을 중심으로 한 세미나 수업은 즐거웠고, 학생들이 부모 이상으로 나이 차이가 나는 나를 좋아하는 것 또한 기쁘고 즐거운 경험이었다. 법관 시절의 필자가 교섭에 관하여 품고 있었던 생각은 막연한 것이었으나, 대학에서 학생들에게 교섭기술을 가르치면서 생각하는 과정에서 '교섭이라 함은 이해나 의견 대립이 있는 경우에 이를 평화적으로 해결하는 수단이다'는 명확한 개념으로 자리 잡았다.

교섭교육은 역할분담이 주된 방법이지만, 세미나와 수업에서 시행하다보면, 서로 잘 알고 있는 동료 사이에서는 진지한 마음가짐이 되지 않고 매너리즘에 빠지는 것은 피할 수 없다. 심각한 사안에서도 상대방의 역할을 보고는 폭소가 터지는 일도 자주 일어난다. 이래서야 아무리 좋은 사례를 소재로 하더라도 화해기술의 향상을 기대할 수 없다. 이를 피하기 위한 가장 좋은 방법은 모르는 사람을 상대로 하여 교섭 연습을 하는 것이다. 그래서 매년 대학 대항 교섭대회에 출전하여 다른 대학의 선수들과 진검승부를 하도록 하고 이를 수업내용에 도입하였다. 이는 필자 자신으로서도 다른 대학이나 다른 직종의 사람들과 널리 알 수 있는 기회가 되었다.

(3) 대학에서의 연구 주제

연구교수로서 대학에 들어갔기 때문에 필자는 교육뿐만 아니라 연구자로서 관점도 의식할 수밖에 없었다.

필자가 주로 연구한 것은 ① 화해기술론에서 더하여 둘로 나누는 방법을 극복한 세련된 이론, ② 판결과 화해의 차이를 표현하는 감각적으로 가장 적합한 용어, ③ 인도네시아에서 ADR 성장의 관찰과 법규정비지원의 바람직한 모습, ④ 고령사회에 적합한 분쟁해결방법에 특화된 ADR의 개발이었다.

연구라고 하지만 필자의 생각 속에서 맴돌거나, 현장을 관찰하거나, 관계자와의 논의를 계속하는 정도에 지나지 않은 것이 많았으나, 이러한 주제를 필자의 인생에서 얻은 지식과 견해를 통하여 꾸준히 화두처럼 생각하여 온 것만은 틀림없다.

15. 루트(root) 이론

(1) '더하여 둘로 나누는 이론'을 극복한 이론

대학교수가 된 후 필자의 화해기술에 관한 관심은, 더하여 둘로 나누는 이론을 극복한 세련된 이론은 무엇인가 하는 것이었다. 특히 쌍방이 금액에 대하여 큰 차이가 나는 다툼이 있는 경우에 공평한 타협점인 금액을 합리적으로 산출하는 방법을 꾸준히 생각해왔다.

사람이란 1,000만원과 2,000만원과 같이 2배 범위 내에서 다툰다면, 더하여 둘로 나누는 1,500만원에 우선의 합리성이 있다고 생각하지만, 그 이상으로 금액의 차이가 벌어지면 합리성이 없다고 생각한다. 그 이유는 원고로서는 상한가의 한계가 없음에 대하여, 피고로서는 1원 한 푼 주지 않는 것을 하한가로 정하고 있기 때문에, 단순히 더하여 둘로 나누는 것은 둘 다 불공평하다고 생각하기 때문이다.

그러나 필자는 당사자 쌍방이 주장하는 금액은 상대방의 금액에 대한 회답이고, 나름의 균형감각이 숨어 있으므로, 이를 근거로 합리적 타협점을 도출하는 수식이 있지 않을까 생각해왔다. 나아가 쌍방이 바라는 금액을 반액과 배액으로 조종하여 바꾼 금액의 평균과, 원래의 평균값 부근에 합리적 금액이 있지 않을까 하는 직감을 보다 깔끔하게 표현하는 수학공식이 있을 것이라고 생각했다. 그러나 법원에 근무할 때에는 그 수학공식을 발견하지 못하였다.

법관을 사직하고 대학교수가 되어 사건을 처리하지 않게 된 후에도 좀 더 세련된 수학공식이 없는지 줄곧 생각해 왔다. 그러던 중에 배액과 반액으로 대립하는 금액의 평균점을 찾아낼 수 있다면 좋지 않을까, 다시 말해서 배액은 반액의 4배(제곱)이므로, 그것은 루트(root, 제곱근)가 아닌가 하는 생각이 떠올랐다. 예를 들어 100만원과 1,000만원으로 대립하는 경우는 10배의 차이가 나므로, 루트10은 3.162가 평균근이고, 결국 316만원이 화해를 위한 우선의 기준이 된다. 마찬가지로 100만원과 500만원이 대립하는 경우에는 루트5가 2.236이므로 223만원이 기준이 된다. 이렇게 루트로 산출된 금액은 필자가 지금까지 오랫동안 실무경험으로부터 생각해보고 납득이 되는 숫자이므로, 이를 루트이론이라고 이름 붙였다.

루트이론의 타당성에 관한 실질적 근거는 무엇인가? 이는 필자의 가설에 불과하지만, 사람이 구체적인 숫자를 생각하지 못하던 원시시대의 교섭에서 구체적인 물건을 요구할 때, 요구하는 쪽은 1개에 대하여는 그 배인 2개를 요구하고, 요구받는 쪽에서는 1개의 반을 제공하더라도 나머지 반은 자기가 가지겠다고 버티는 것처럼, 2배와 반분이 원시적인 구체적 단위로서 존재하였다고 생각한다. 이것이 현대인들이 교섭을 할 때에도 몸에 체득된 본능으로서 남아 있어서, 루트이론으로 산정된 숫자 부근에 본능적으로 친화감을 느끼고 있는 것이 아닐까?

(2) 상가평균(더하여 둘로 나누는 이론)과 상승평균(루트이론)

필자는 루트이론을 어느 조정협회가 주최하는 강연회에서 발표하였다. 연수위원장(전직이 고등학교 수학교사)가 이러한 루트이론은 수학의 평균이론에 해당한다고 가르쳐 주었다. 수학에 평균이라는 개념이 있고, A와 B의 평균을 구하는데 상가평균과 상승평균이라는 방법이 있으며, 상가평균은 두 숫자를 합산하여 둘로 나누는 방법이고, 더하여 둘로 나누는 이론이 여기에 해당한다. 상승평균은 두 숫자를 곱한 숫자의 루트(평균근)을 구하는 것이므로 필자가 우여곡절 끝에 겨우 찾아낸 루트이론이 바로 이것이다. 그리고 그 분이 "나는 학생들에게 수학의 평균이론을 가르쳐왔지만, 그것이 내가 지금 하고 있는 조정에 도움이 된다고는 생각지 못하였다"고 말하였다. 이 말을 듣고 필자는 루트이론이 수학이론으로써도 설명할 수 있다는 것을 알고 크게 고무되었다.

그 후 필자도 스스로 초보적이나마 평균이론에 관하여 찾아보았는데, 상승평균은 기하평균이라고도 부른다는 것을 알게 되었다. 이는 긴 변 A와 짧은 변 B의 직사각형과 같은 면적(A×B)인 정사각형의 한 변 C의 길이를 구하는 공식과 같다($C = \sqrt{A \times B}$). 더하여 둘로 나누는 이론은 짧은 변을 긴 변과 합친 하나의 변을 중간으로 나누는 것으로서 일차원적인 방식임에 대하여, 기하평균은 A와 B를 직사각형의 긴 변과 짧은 변으로 하여 그 면적을 구하고, 이를 같은 면적의 정사각형으로 변환하는 것이므로 이차원적인 방식이 된다. 이러한 방식을 따르면 원고가 10배로 부풀린다면, 피고는 10분의 1을 주장하여 대항하더라도 화해의 기준치를 산정할 수 있으므로 당사자 사이에 공평성도 보장된다.

실제로 루트이론을 적용하여 산출된 숫자가 정확하게 당사자 쌍방이 납득할 수 있는 금액은 아니라 하더라도, 그에 가까운 금액으로 합의되는 경우가 많다는 것은 경험해본 사람만이 알 수 있으므로, 꼭 실천해보길 바란다.[47]

47) 이 장에서 한 설명은 필자가 발표한 "일부 변제 후 면제형 화해로부터 루트이론으로", 草野芳郎선생 고희기념-和解は未来を創る. 277면(信山社, 2018년)에 기초한 것이다.

16. 화해는 미래를 창조한다

(1) "화해는 미래를 창조한다"는 말의 의미

"화해는 미래를 창조한다"는 문구는 최근에 와서 필자의 좌우명이 되었다. 학습원대학을 퇴직하면서 은퇴기념강의를 할 때나, 필자의 고희기념논문집에서도 이 문구를 제목으로 사용하였다. 화해와 재판의 차이점이 어디에 있는가? 그 중에서도 그 본질적 차이가 무엇인가 하는 의문은, 필자가 법관으로 재직할 때부터 한 번도 머리에서 떠난 적이 없었다. "화해는 미래를 창조한다"는 말은 그 화두에 대한 최종적인 결론이라 할 수 있다.

지금부터 45년 전 필자가 임관할 당시 법원의 주류적인 사고는, 앞에서도 말했지만 "법관의 사명은 판결하는 것이고, 화해는 임기응변에 불과하며 정도는 아니다"였다. 그리고 이를 단적으로 표현한 것이 "화해판사가 되지 말라"라는 선배들의 교훈이었다. 필자 자신도 판결을 하겠다는 마음으로 법관이 되었으나, 막상 현실에서는 판결을 하더라도 만족감을 느끼는 경우가 적고, 오히려 화해가 성립되었을 때는 기쁨과 만족감을 느낄 수 있었다. 그 이유의 하나를 들자면 화해가 성립되었을 때 당사자 쌍방으로부터 고맙다는 말을 듣는 경우가 많았기 때문이다. 그래서 화해를 열심히 하게 되었고, 그러다보니 어느새 "화해판사"가 되고 말았다.

그러나 처음에는 민사소송법의 원칙은 판결을 하는 것이고, 화해는 예외라는 생각을 부정할 수 없었다. 그것은 화해를 하려면 당사자 쌍방이 출석해야 시작할 수 있지만, 판결은 당사자 일방이 결석하더라도 선고할 수 있기 때문이다. 당사자 쌍방이 출석한 경우에만 대응할 수 있는 화해를 민사소송법의 원칙이라고 말하는 것은 심리적으로 거부감이 들었다. 그러나 한편으로 화해는 분쟁을 전부 정리하여 발본적으로 해결할 수 있으나, 판결은 소송물에 한정된 해결밖에 할 수 없어 불완전한 해결이 되고 만다. 완전한 해결이 가능한 화해가 원칙이 아니라면, 분쟁해결을 목적으로 하는 민사소송제도의 취지에 합치하지 않는다. 이러한 여러 가지 생각이 필자의 머리 속에서 오랫동안 정리되지 않은 상태에서 뒤엉켜 있었다.

(2) 민사사법에서 민사소송의 자리매김

현재 필자의 생각은 다음과 같다. 사법의 사명은 법률에 따라 정해진 사회질서에 위반하여 일어난 사회의 병리현상을 해결하는 것이다. 그 병리현상에는 범죄와 분쟁이 있다. 범죄는 형사사법이 적용되고, 분쟁은 민사사법이 적용되는 분야이다. 범죄에 대하여는 형벌을 부과함으로써 신상필벌로 그 책임을 묻지만, 분쟁은 이를 해결함으로써 사회질서를 회복하는 것이 사법시스템이라 할 수 있다.

민사사법의 목적은 분쟁해결이다. 이는 먼저 합의에 따른 분쟁해결이 우선이고, 합의가 성립되지 않을 때 재정(裁定)을 통한 분쟁해결의 방식은 차선책이 되어야 한다. 합의에 따른 교섭에는 재판 외에서 상대방과 하는 교섭(절충), 법원 밖의 ADR기관에서 하는 합의, 법원의 조정, 민사소송에서 하는 소송상 화해가 있고, 재정에 따른 해결에는 판결, 심판, 노동위원회의 명령 등이 있다. 이와 같은 관점에서 본다면 민사사법의 기본은 합의에 따른 분쟁해결이고, 판결 등의 재정에 따른 해결은 합의할 수 없는 때의 예비적 해결방법이 된다. 민사소송법은 이러한 예비적 해결방법에 관한 규정이므로 판결이 그 주된 역할을 하고 있지만, 민사사법상으로는 당사자쌍방의 합의에 따른 해결이 기본이므로, 민사소송법에서도 화해가 기본적 분쟁해결방법이라는 원칙은 다르지 않다.

(3) 판결과 화해의 차이 – 과거지향적인가 미래지향적인가

판결이나 화해 모두 분쟁해결이 목적이지만, 그 본질적 차이는 무엇인가? 필자는 과거를 보는가 아니면 미래를 보는가의 차이라고 생각한다. 판결은 과거 사실에 그와 관련된 과거에 존재한 법률을 적용하여 결론을 도출하는 것이다. 판결의 확정력에 따라 그 결론을 되돌릴 수 없는 기능에 따라 현재의 분쟁을 종료하는 것으로서, 미래에 대한 영향은 간접적인 효과를 갖는데 불과하다.

이에 대하여 화해는 당사자쌍방이 미래에 이행할 내용을 합의(약속)하는 것이다. 이와 같이 화해는 직접 미래와 관련되는 것으로서, "미래를 창조할" 수 있다. 이는 재판상 화해뿐만 아니라, 법원외의 조정, 법원 밖의 ADR기관이 하는 분쟁해결에서도 마찬가지이다.

화해는 타협이나 상호양보를 의미하는 개념이라는 생각을 가진 사람이 많다. 특히 법률가 중에는 화해계약에 관하여 민법 제731조 "화해는 당사자가 상호 양보하여 당사자간의 분쟁을 종지할 것을 약정함으로써 그 효력이 생긴다"는 규정을 엄격하게 해석하여 서로 양보하지 않으면 화해가 아니라고 주장하는 사람이 적지 않다.

필자로서는 민법 731조가 규정하는 화해는 "당사자의 합의에 따른 분쟁의 종식"에 주된 의미가 있고, "상호 양보"하는 것이 본질적인 부분이 아니라고 생각한다. 청구액을 전부 인정하는 취지의 합의라도, 다툼을 종식하고 장래에 새로운 협력을 하는 내용의 합의라면 화해가 될 수 있다.[48] 화해에 상호양보라는 요소를 고집한다면 미래지향적이 될 수 없고, 미래를 창조할 수 없다. 이제 화해에 새로이 적극적이고 창의적인 바람을 불어넣어야 한다.

필자가 앞에서도 말했듯이, 소송상 화해에 관하여는 판결선취형, 획일적 결과(all or nothing) 회피형, 판결극복형의 3가지로 분류할 수 있고, 판결극복형이 기본이 되어야 한다고 생각한다. 판결선취형은 판결의 결론에 맞추거나 그에 준한 내용의 화해를 하는 것이고, 획일적 결과 회피형은 판결로 간다면 100대0이라는 결론이 될 수밖에 없는데,

48) 우리나라 통설은 상호양보가 필요하나 양보의 방법이나 범위는 넓게 해석한다. 예를 들어 소송비용부담 부분만 양보하는 내용의 화해도 가능하다. 그렇다면 이 부분에 대한 논의는 그 실익이 적다(역자 주).

이를 회피하여 승소가능성에 따라 비율적으로 타당한 결론으로 화해를 하는 것이다. 이에 대하여 판결극복형은 판결의 결론에 반드시 구애되지 않고, 당사자 사이 분쟁의 실체에 착안하여 실정에 맞는 타당한 해결을 함으로써, 판결의 한계를 뛰어넘는 것을 말하고, 필자가 이름을 붙인 것이다. 필자는 그 분쟁에서 있어야 할 타당한 해결안은 재판 전에도, 재판제기 후에도, 재판확정 후에도 기본적으로는 변함이 없다고 생각한다. 어느 경우에든 현재의 분쟁을 해결하고, 과거를 청산하여, 미래를 창조해야 하므로, 재판이 제기된 후에는 소송상 화해의 판결극복형만이 가능하다.[49]

---

49) 이 장에서 한 설명은 필자가 발표한 草野芳郎, "和解は未来を創る". 學習院大學法學會雜誌 52권1호, 7면(2016년)에 기초한 것이다.

17. 해외에서의 발전

(1) 화해기술론의 외국어 번역

화해기술론에 관하여는 판례タイムズ版으로 Peter Stern 변호사가 영역(A Discussion of Compromise Techniques)하여 Law in Japan지(14권 138면, 1991년)에 게재된 것이 번역의 출발이다. 그 후 JICA에서 信山社의 제2판이 영역되어(2004년), 이를 기초로 인도네시아어로 출판되었다. 그러나 이 인도네시아어 번역서는 의미를 알기 어렵다는 의견이 인도네시아에서 제기되어, 루토피 변호사가 다시 쓴 인도네시아 번역판(책이름은 WAKAI)을 출판하였다(2008년). 그 후 인도네시아어를 잘 아는 일본인이, 일본어 원전과 비교하여 볼 때 많은 문제가 있다는 점을 지적하여, 일본어 원전을 기초로 다시 번역한 것을 출판하였다(2015년).

한국에서는 이순동 판사(번역할 당시에는 대구지방법원 판사이고 그 후 영남대학교 교수로 재직한 후 정년퇴직하여 현재는 경상북도 자치경찰위원회 위원장)가 한국 대법원의 자료실에 있는 필자의 화해기술론을 읽고 그 내용에 깊이 동감하여, 한국에서 필자의 화해기술론을 꽃피우고 싶다고 생각하여 한국어판을 출판하였다(2014년). 출판을 기념하여 대구에서 화

해기술에 관한 심포지움이 열려 필자도 참가하였다. 심포지움을 마친 후에 고려대장경 목판을 보관하여 있는 곳으로 유명한 세계유산인 해인사를 방문하였다. 기와불사를 하면서 "화해는 미래를 만든다(和解は未来を作る- 그 때는 아직 '創る'를 생각하지 못하였다)고 써서 봉납하였는데, 지금 생각하면 그리운 추억이다.

2016년 요코하마(横浜) 桐蔭대학 韓寧교수, 북경이공대학 姜雪蓮선생이 중국어판 "調解技術論"을 출판하였다(中國法制出版社). 중국어에서는 화해라는 말은 사법상 화해의 의미로서 재판상 화해의 의미를 포함하지 않는다고 한다. 제3자가 중개하는 것은 調解라는 용어를 사용하기 때문에 '화해기술론'이 아니라 '조해기술론'이라는 제목이 되었다고 韓寧 선생이 알려주었다.

화해기술론 자체는 법관을 대상으로 한 화해론으로서 출판되었으나, 인간학적 교섭론이 그 기초가 되어 있으므로, 법률가 아닌 사람이나 일본을 넘어서 해외에서도 받아들여질 수 있는 내용을 포함하고 있다고 생각하였는데, 실제로 번역되어 출판되는 것을 보고 감개무량하였다.

(2) 인도네시아의 법률정비지원

가. JICA 프로젝트

필자는 독립행정법인 일본국제협력기구(Japan International Cooperation Agency. 약자 JICA)가 2007년 3월부터 2년간에 걸쳐 실시한 '인도네시아 화해 · 조정제도 강화지원 프로젝트'(이하 프로젝트라 함)에 단기 전문가로서 관여하였다. 이는 인도네시아 측이 일본의 화해 · 조정제도의 장점을 인도네시아 조정제도의 운영에 받아들여서 개선하고 싶다는 요청이 있어서 시작된 것이다.

필자는 "법원조정절차에 관한 인도네시아 공화국 대법원 규칙 2008년 제1호"의 제정에 관여하였고, 연수제도의 충실을 비롯한 여러 가지 제안을 하였다. 이 프로젝트를 실질적으로 진행한 것은 법무성 법무종합연구소 국제협력부(International Cooperation Department, 이하 ICD라고 함)이고, 변호사인 角田多眞紀 전문가가 자카르타에 파견되었고, 필자는 고문단의 일원으로서 일본에서 후방지원을 하면서 수시로 자카르타에 가서 세미나를 비롯한 의견교환을 하였다.

이 화해프로젝트는 아쉽게도 그 후 계속되지 못하고 종료되어, JICA와의 인연은 끊어졌으나, 필자 자신은 그 후에도 ICD와 협력 아래 인도네시아를 방문하여 2008년 대법원규칙의 실시상황을 관찰하는 등 인도네시아와 밀접한 관계를 유지하였다.

필자 자신은 인도네시아에 주재한 사실도 없고, 본직인 학습원대학 교수를 하면서 화해프로젝트의 일부에 관여하였을 뿐, 실제로 많은 고생을 한 角田多眞紀 전문가나 ICD교관에 비하면 관여의 정도는 낮다. 그러나 매년 한 번씩은 인도네시아에 가서 법원이나 대학을 방문하여 2019년 현재 그 회수가 20회에 이르고 있다.

나. 일본 인도네시아 법률가협회의 설립과 지원활동

필자는 인도네시아 방문을 계속하면서 인도네시아에 가본 적이 있는 일본인들과 일본에 와본 적이 있는 인도네시아 사람들이 중심에 서지 않으면 원활한 교류가 이루어지지 않을 것이라는 생각이 들었다. 그래서 ICD와 공동으로 지원활동을 하는 동안 관계자들 사이에 일본과 인도네시아 양국을 이어주는 법률가모임을 만들자는 의견을 내어 2011년 8월에 준비모임을 갖고, 이듬해인 2012년 8월에 일본·인도네시아 법률가협회(Japan Indonesia Lawyers Association, 약칭 JILA) 창립모임을 개최하여 필자가 이사장을, 인도네시아대학의 히쿠마헌트 교수가 부이사장을 맡게 되었다. 이후에는 JILA가 민간 법규정비지원 및 양국법률가들의 우호를 담당한다는 데 합의하였다.

필자가 담당했던 과거 JICA프로젝트의 경우 인도네시아측의 관심은 일본이 얼마나 자금을 내어줄 수 있는가 하는 것이었으나, 최근에는 인도네시아측으로부터 인도네시아가 비용을 부담하되, 일본과의 적극적인 교류와 일본방문 및 이에 대한 일본측의 협력을 요구하는 사례가 많아졌다. 일본과의 교류가 가치가 있다는 점을 실감하였기 때문이라 생각한다. 인도네시아의 조정능력 향상에 눈부신 효과가 있었다고는 할 수 없지만 일본에 대한 이해와 관심이 깊어진 것만은 틀림없다.

필자가 한 일은 현지에서 서로 얼굴을 마주보고 솔직한 의견을 교환하는 정도였던 터라 때로는 권태감이 들기도 하였지만, 1년에 한 번 정도 되는 방문일지라도 횟수를 거듭하게 되면 신뢰가 생겨나고, 그것이 누적되다 보면 나중에는 커다란 힘이 될 것이라고 생각했다. 작은 금리라도 복리로 운용하다 보면 어느 정도 햇수가 지남에 따라 목돈이 되는 것과도 같은 이치이다.

필자도 인도네시아와의 교류를 통해 많은 영감을 받았다. 필자는 화해란 '평화로운 해결'이라는 말을 줄인 것이라 생각한다. '평화'라는 것은 그 내용은 물론이고 절차적으로도 당사자가 납득할 수 있는 것이어야 한다. 이러한 '평화로운 해결'인 화해야말로 보다 좋은 미래를 만들 수 있다. 인도네시아 말로 화해는 Perdamaian이라고 하는데, 이것은 본래 '평화'라는 의미이다.

다. 법관 청렴성의 중요성 인식

일본의 법관은 매우 청렴하고 국민들도 그렇다고 믿는다. 그에 대해 국민들로부터 신뢰를 얻고 있다. 필자는 옛날은 모르겠으나 법관은 모름지기 청렴해야 하는 것이 당연하고, 자연히 외국의 법관들도 그럴 것이라 믿고 있었다. 그런데 법관을 퇴직한 후 외국과의 교류가 늘어남에 따라 마음 깊이 느끼게 된 점은 외국의 법관들은 반드시 그렇지 않다는 사실이다. 인도네시아가 뇌물 천국이고 법원 역시 예외가 아니라는 점은 인도네시아에서 재판을 한 적이 있는 변호사에게서 여러 번 들었고, 책에서도 읽어 알고 있다. 또 어느 인도네시아 사람에게서는 '천국에 갈 수 있는 법관은 3명 중 1명'이라는 이슬람 속담을 들은 적도 있다. 이것은 인도네시아에만 한정되는 게 아니라 다른 아시아의 개발도상국가들에서도 별반 다르지 않다는 것을 알게 되었다. 그래서는 국민들로부터 신뢰를 받을 수가 없고 아무리 법률을 정비하더라도 효과는 나오지 않을 것이다.

이러한 상황을 바꾸려면 일본에서는 어떠했는지, 옛날부터 지금처럼 청렴했던 것인지, 만약에 그렇지 않았다면 언제부터 청렴해졌는지를 알게 되면 다른 나라의 상황을 바꿀 수 있는 열쇠를 찾을 수 있지 않을까 생각하게 되었다. 필자 나름대로 조사해보니 일본도 태고적부터 뇌물대국이었을 뿐 아니라 법관들 역시 뇌물을 받았다고 기록되어 있다. 성덕태자조차 법관들이 뇌물을 받은 작태를 한탄했을 정도라고 일본서기에 기록되어 있다. 성덕태자가 만든 그 유명한 17조 헌법 제1조의 '和로써 귀하게 여기라'라는 구절은 필자의 화해기술론에서도 중요하게 생각하는 것인데, 뇌물문제는 제5조에 적혀 있다.

5조의 내용은 다음과 같다. 탐욕을 끊고 욕심을 버리며 공명하게 소송을 처리하라. 백성들의 소송은 하루에 천 건이나 된다. 단 하루가 그 정도라면 해를 거듭할수록 많아질 것은 뻔한 이치. 요즘 소송을 담당하는 자들은 이득을 얻는 것이 일상화되어 있고, 뇌물을 보고서야 사람들의 호소를 듣는다. 즉, 재물이 있는 자의 소송은 물에 돌을 던지는 것처럼 반드시 받아들여 주지만, 가난한 자의 소송은 돌에 물을 붓는 것 마냥 받아주는 법이 없다. 그래서 가난한 백성들은 어찌하면 좋을지 모른다. 신하로서 마땅히 지켜야 할 도리 또한 결여되어 있다.[50)]

다음으로, 이처럼 뇌물천국이었던 일본의 사법계에 청렴의 정신을 불어넣은 사람이 누구일까 하는 점에 흥미를 갖게 되었다. 필자는 명치유신 때에 초대 司法卿을 지낸 江藤新平와 그 후 이어진 사법성의 사법관(법관과 검찰관)들이 아니었나 싶다. 그 당시의 사정들을 제대로 분석한다면 뇌물대국으로 알려진 국가들을 청렴대국으로 바꿀 열쇠를 찾을 수 있지 않을까? 위와 같은 여러 선배들이 만들고 지켜온 전통 덕분

50) 일본서기 22권 스이코천황의 章, 山田宗睦 현대어역 "일본사기(중)" 286면 교육사(1992년)

에 현재 우리들은 아무런 의문 없이 법관으로서의 청렴함을 지키고 또 실행하고 있다. 이러한 전통이 대단한 일이라는 점을 외국에 가보고서야 알게 되었다. 우리는 이러한 전통을 지키고 후세에 전해야 하고 또 보급해야 한다.

18. 마지막으로

필자는 법관을 퇴직하였기 때문에 현재는 소송상 화해를 담당하지 않으나, 변호사로서 대리인의 입장에 서서 분쟁해결을 하고 화해를 성립시키는 일을 해왔다. 또 ADR절차의 실시자로서 동경변호사회의 분쟁해결센터 알선인, 東京都 건설공사분쟁심사회 위원, 원자력손해배상 분쟁해결센터 화해중계위원을 담당하면서 상당한 수의 사건들을 해결할 수 있었다. 매우 적은 수이기는 하지만 애드호크(ad hoc)조정과 중재를 성공시킨 적도 있다. 이러한 대리인으로서의 활동과 법원 밖 ADR절차에서 필자에게 큰 힘이 되어준 것은 화해기술론이다. 이것은 절차 자체는 소송상 화해와 다르지만, 사람과 사람간의 분쟁이라는 관점에서 보면 그 실질은 동일하다는 점을 보여준다.

일본은 초고령사회로 진입한 후 여러 가지 어려운 법적 문제들이 발생하고 있고, 향후 고령화가 점점 더 진행하게 되면 분쟁해결이 한층 어려워질 것으로 예상된다. 필자는 현재 변호사활동을 하는 이외에도 동네 노인클럽 회장 과 고령자지원 자원봉사활동 등을 하면서 법률문제와 관련된 인생상담 등을 해주고 있다. 고령사회의 실태를 실제로 체험하면서 화해기술론에서 얻은 인간학적 관점에서 고령자들이 안고 있는 불안의 해소, 고령사회에서 분쟁해결에 유용한 기술의 실현 등을 남은 인생의 목표로 삼고자 한다.

사 항 색 인

[ㅇ]

[ㅈ]

[ㅊ]

[ㅌ]

[ㅍ]

[ㅎ]

[기타]

저자소개

▮ 쿠사노 요시로

1946년 후쿠오까현 출생
1969년 큐슈대학 법학부 졸업
1971년 판사보 임관, 1981년 판사임관
2002년 카고시마 지방가정법원 소장
2003년 히로시마 고등법원 판사(부총괄)
2006년 學習院대학 법학부 및 법과대학원 교수

현〉 변호사

역자소개

▮ 이 순 동

서울대 영문과, 서울대 대학원 법학과, 일본 東京대 법학부 visiting scholar
사법시험합격(연수원 12기), 대구지방·고등법원 판사, 대법원 재판연구관
경산시·영천시·청도군법원 판사, 영남대 로스쿨 교수

현〉 경상북도 자치경찰위원회 위원장

▮ 권 경 은

경북대 법학과, 경북대 법학석사, 박사과정(수료)
大阪外国語대학(일본문부성 장학생), 일본 一橋대학 법학박사
一橋대학, 학습원대학, 법정대학, 이바라끼대학 등에서 법학강사

新 화해기술론

저　자　쿠사노 요시로
공역자　이순동 / 권경은
발행인　양 진 수
발행처　진 원 사

2021년 10월 12일 초판 인쇄
2021년 10월 22일 초판 발행

서울시 송파구 법원로9길 26, C동 1107호 (문정동, H비즈니스파크)
전화 : 02) 916 - 1850 / 팩스 : 02) 916 - 3442
신고번호 제 2018 - 000026호
http://www.jinwonsa.co.kr
http://www.lawbookstore.co.kr
e-mail : hhansin@hanmail.net

ISBN : 978-89-6346-596-8　　93360　　정가 20,000원